SMC 科学媒介中心丛书

科学 平行

〈2018〉

王康友 主编　　钟 琦　王大鹏 副主编

中国科学技术出版社
· 北 京 ·

图书在版编目（CIP）数据

科学平行 2018 / 王康友主编 . —北京：中国科学技术出版社，2018.5（2020.11重印）

ISBN 978-7-5046-8023-5

Ⅰ . ①科… Ⅱ . ①王… Ⅲ . ①科学知识 – 普及读物Ⅳ . ① Z228

中国版本图书馆 CIP 数据核字 (2018) 第 065034 号

策划编辑：杨虚杰
责任编辑：鞠　强
装帧设计：犀烛书局
责任校对：杨京华
责任印制：马宇晨

出　　版：中国科学技术出版社
发　　行：中国科学技术出版社有限公司发行部
地　　址：北京市海淀区中关村南大街 16 号
邮　　编：100081
发行电话：010-62173865
传　　真：010-62173081
网　　址：http://www.cspbooks.com.cn

开　　本：720mm×1000mm 1/16
字　　数：220 千字
印　　张：12.5
版　　次：2018 年 5 月第 1 版
印　　次：2020 年 11 月第 2 次印刷
印　　刷：山东华立印务有限公司

书　　号：ISBN 978-7-5046-8023-5 / Z · 341
定　　价：68.00 元

（凡购买本社图书，如有缺页、倒页、脱页者，本社发行部负责调换）

序

"科学传播不仅是为了提高公众的素养，更希望科学精神的具体内涵为公众所理解，能在潜移默化中渗透到公众的心灵之中。"为了向这个目标不断地迈进，中国科普研究所科学媒介中心一如既往地力争把最优秀的科学内容传播给广大公众，并且希冀这些科学内容可以内化为公众自身的科学意识，进而在生活中贯彻科学的理念。

作为一个不断繁荣发展的事业，科学传播在国内得到了前所未有的关注，但是如何把激情和热情转化为动力并且持续地前行，则需要各方面的努力和投入。因为"在科学的所有用处中，培养出少量的、专业知识水平很高、高酬金的牧师式的专家是不够的，事实上也是危险的。相反，某些最重要的科学发现和科学方法必须在最大的范围内使公众得到了解。"所以，科学传播的目标更多地在于让公众了解、认识科学，对科学形成客观理性的态度，以及把科学作为一种生活方式，让科学在大众文化中发挥重要作用。

《科学平行 2018》是以"科学媒介中心"微信公众号编译发布的内容为基础而出版的第三部作品，共涉及 8 个主题，分别是科学传播、科学艺术、热点追踪、人工智能、调查研究、反伪破迷、科史回眸和科研体制。

与前两本有所不同的是，《科学平行 2018》增加了科学艺术、人工智能、调查研究、反伪破迷和科史回眸几个版块。科学与艺术的融合近年来开始得到公众的关注，特别是用艺术的手段来表达科学的内容，比如 2017 年热映的几档科技综艺类节目，提升了公众对科学的认知度，也让科学不断地流行起来，所以提升公众的品位、聚焦科学传播领域的重点方向也是中国科普研究所科学媒介中心的一个重要旨趣，科学传播应该让读者领略到科学加艺术可以带来多么巨大的变化和影响力。在探讨科学的时候，我们不可避免地要谈及热点议题和话题，而人工智能则是当前最具有代表性的话题之一，因为街头巷尾的人们总是在不断地谈论着这个话题。当然，对于人工智能的讨论也需要考虑关照科学发展的整个历程，就像国内一些科学家主张的那样，科学教育不仅要教授科学知识，还要讲科学史的内容。通过对科学史的考察和研究，我们会再次印证一个真理，那就是"没有调查就没有发言权"，所以调查研究是科学的一个重要特征。"后真相"已经成为我们当前的一个明显特征，其中各种杂芜的信息充斥在网络平台上，特别是一些非科学、伪科学的信息更是有百害而无一利，探讨如何让科学的信息流行起来也是当前的一个重要方向。

最后，我们要感谢书中的各位编译人员和作者，他们为本书提供了大量的素材，也贡献了自己的智慧和学识。同时本书的出版得到了中国科普研究所一如既往的资助。我们还要再次感谢中国科学技术出版社杨虚杰女士和鞠强先生的奉献和投入，尤其是各位读者对本书的认可。希望各位读者继续关注和支持中国科普研究所科学媒介中心的工作，与我们一道推动中国科学传播事业的发展繁荣，为建设创新型国家做出自己的贡献。

编 者

2018 年 3 月

目 录

科学传播

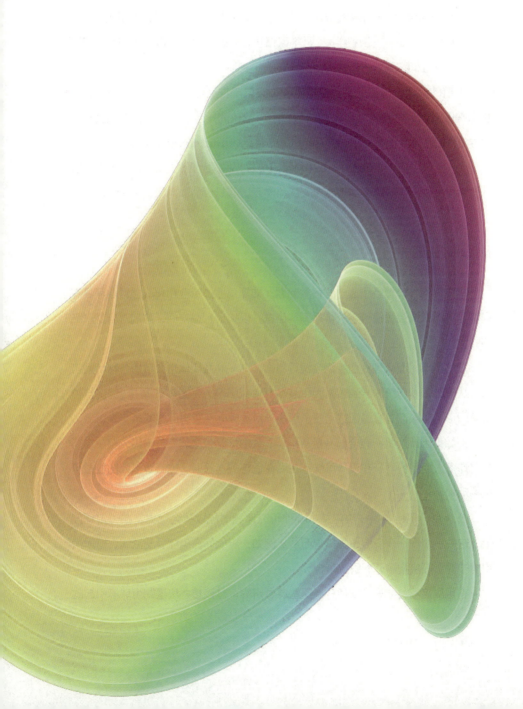

科学并非价值无涉，而是要彰显价值

柳丹 / 编译

　　科学家正面临着一个难题，在充斥着假新闻、非主流新闻和欺骗性社交媒体活动的社会中，研究人员和科学家要怎样做才能对互动有所助益呢？

　　人们普遍认为，科学都是铁的事实，它不应受到社会政治利益的干扰。但许多从事科学实践研究的历史学家、哲学家和社会学家认为，如果科学没有了价值，就像把孩子连同洗澡水一起泼掉一样危险。

　　所谓的伦理价值和社会价值，是一种类似于推动经济发展、公共卫生和环境保护的意愿，常在科学研究中扮演着不可或缺的角色。在《价值的挂毯：对科学价值的简介》（*A Tapestry of Values: An Introduction to Values in Science*）一书中，作者提出，如果科学家能够采取适当的方式处理并传递价值，他们将给公众展现一个更富现实主义的科学观，兼具价值取向和可信赖性。

价值或好或坏

　　毫无疑问，价值会引起一些科学问题。如烟草业、铅业和化石燃料业等具有影响力的组织，会操控科学，传播不实信息，以扩大利益空间，防范对自身产品的监管。

　　其实也不只有大型商业组织会误导科学，许多利益团体也会散播各种可疑言论，从疫苗和非传统医学到转基因食品和节食减肥等。在这些案例中，经济价值或意识形态使人们有意忽视或隐匿了那些与自身倾向性背道而驰的事实。

　　但如果因此就将所有价值考量从科学研究中排除也必将铸成大错。至少，还是有许多人期望科学家在设计可能存在潜在危害的实验时，能够尊重人的权益和保护动物。

　　公众也希望科学家在决定从事哪种研究课题时能以社会优先。在一定程度上，这关乎如何在众多课题中择善而从，例如，应如何在癌症、艾滋病、糖尿病和精神健康等疾病中分配研究基金等。

　　它也决定着科学家应如何开展这些课题研究。是该想办法遏制由环境引起的癌症呢，还是着眼于现有癌症的治疗呢？是该考虑给治疗抑郁症的新药投多少钱呢，还是研究该如何通过改善饮食、锻炼和社会环境的方法缓解抑郁症呢？社会价值显然都与这些决策判断息息相关。

铁定的事实与子虚乌有的宣传

眼下有许多科学家致力于向政策制定者传递信息，试图解决一些现实问题，例如，控制工业化学品、调控野生动物数量和预防疾病暴发等。不确定性或会阻碍这类研究，因为并没有一个莫衷一是的答案。

在这些研究背景下，科学家必须抉择该如何从可获取的数据中推断，并对庞大的事实予以权衡，以帮助政策制定者得出结论。价值在此过程中起着至关重要的作用。一个方向性的小错误或会造成过度监管和经济损失的风险；但另一方面，则可能会影响公共卫生和环境资源等问题。所以，在决定政策路线时，有必要将这些后果也考虑进去。

此外，科学家使用的语言本身也负载价值。例如，环境科学家在使用"侵入性的""非本地的""外来的"等词汇时会辨析它们各自的特点，因为这些比喻词在当代社会政治的辩论中的意义重大。世界卫生组织在 2015 年建议，科学家应该停止使用猪流感、香港脚、绿猴病等疾病名字，因为它们可能会对一些动物、人群或地区造成污蔑。但像这种情况，在对现象加以分类和描述时并没有严格的价值中立方法。

识别价值有助于提升科学诚信

虽然人们并不能将科学变成毫无价值的行为，但研究者仍然能够采取措施来保护它的正当性。

科学界要做的一点就是，通过各种活动，尽可能地使科学公开透明化，使公众能够识别价值的影响，如持续发表研究成果、使用开放式期刊、公开数据、在研究开始前提供数据分析方案、与其他研究者共享素材和方法以及揭露利益冲突等。

公众和科学家也都需要利用各种场所尽可能有效地彻查和探讨价值的影响。

例如，期刊有利于思辨性的同行评议，政府机构能支持有效的科学咨询委员会，科学委员会可以就争议话题做报告，公众能参与研究项目，科学社团通过丰富会员多样性来鼓励研究新视角等。通过这些方法，科学家和利益相关者们就能知道应如何更好地做出重要判断，也能从参差不齐的科学结论中慧眼识珠。

总而言之，科学是由人类主导并服务于人类的。无论承认与否，价值都依附于科学。与其禁止科学家谈论它们的价值，不如鼓励科学家和利益相关者参与公开的思辨，反思价值是如何影响研究的。这远不会对科学诚信造成威胁，反而会促进科学的可信度和社会责任感。

科学传播如何有效地实现

杨岭楠 / 编译

政治真相这一概念好像变得越来越灵活了，至少牛津英语词典现在的解释看来如此。牛津词典在 2016 世界年度词汇中列入了"后真相"（post-truth）一词，意指一些特定状况，在这些情况下，客观事实对公众意见的影响没有情感诉求或个人信念产生的影响大。当人们受到误导，或者基于错误信息做出决定，会引发什么后果呢？答案显而易见，我们乘坐的飞机会有安全风险，医疗水平会下降，经济的全球竞争力会下降……类似的后果不胜枚举。

很多科学家和科学传播工作者长期以来对科学依据的使用存在不当之处，代表性的例子比如一些极富争议的话题——全球变暖的原因或儿童疫苗的益处等。一项揭示疫苗和自闭症之间联系的长期研究，可能会导致研究人员失去行医执照，然而疫苗普及率却仍然偏低。

人们近期才开始系统性地思考如何改善公共话语，对具有争议性的科学问题做出合理决策。科学家自然喜欢用科研证据作支撑，希望用最有效的方式让人们了解科学家所掌握的知识以及所做的工作。

在遇到不同问题、不同社会场景和不同观众时，科学传播学这门科学还不能给出一个既便捷又具体的方法来达到最好的沟通效果。

大约一年前，美国国家科学院、美国国家工程院和美国国家医学院组织了一支专家队伍，由不同领域的专家和从业者组成，探讨研究与实践之间的落差，最终将科学的思考方法有效运用在科学传播过程中。

这个团队刚刚发表了研究结果——"有效的科学传播：研究议程"。透过这个研究结果，我们可以掌握，在不确定性或争议性问题出现时，何谓真正有效的科学传播，科学传播之所以重要的原因，科学传播难度大的影响因素以及研究人员和科学传播者如何让人们增强对科学传播发生机制和条件的了解。

有效实现科学传播的初探索

研究团队发现，有效的科学传播过程异常复杂。它关系到对观众意见的听取和观众的参与，研究难度较大。传播内容、对话的参与者、社会和媒体的动态性都起到了关键作用。而当问题或相关政策的影响具有争议性时，这三个因素则更为关键。人们的固有看法、社会或政治背景也会产生重要的影响。这样一来，找到共性的解决办法并不容易。

由于这种复杂性，科学传播的实践更多地被视为一门艺术，而不是一门科学。优秀的传播者，例如记者、博主、科学家或视频网站 YouTube 一类社交媒体和平台的活跃者经常会互相取经，参加专业培训，也会通过反复试验得到经验。

遗憾的是，社会科学并没有告诉科学传播者们如何更好地实现科学传播，也没有提出具有实践性经验的指导方针。

美国科学院早前召开了两次会议，讨论了科学传播这个研究课题。与会专家的领域差异性较大，研究课题涵盖行为经济学、行为社会学，同时也涉及了媒体和传播领域。这些研究逐步将清了研究人员对科学传播方法的掌握情况。

人们也逐渐认清，科学传播的所谓"缺失模型"（deficit model）并不管用。它假设人们对科学领域的了解一片空白，需要接受科学知识的灌输和科学素养的提高，然后就可成为更理性的决策者。缺失模型失败背后的原因并不是人们不够理性，而是人们对信息都有内在的自我认知方式，做出的相应决策是考量不同因素的结果。

我们都知道，人们都有一个判断倾向，往往在大脑中习惯走捷径，做出信息接受、拒收或者解释的行为，所以人们更容易通过信息的表面价值去巩固世界观。

信息出现和构成的方式对人们理解和使用信息可以产生重要的影响。比如，转基因食品的概念深入人心，即使它已然不是新概念，但人们一听到它，不免总是条件反射般地认为，科学家创造出非自然的生物会带来无法预测的后果，随之人们会将其上升到伦理高度，开始担心科学是不是走得太远。

决定因素远非客观事实那么简单

科学传播会涉及共识性问题，比如病人打疫苗的好处和风险。它也会涉及更广泛的社会性争论——科学引发的伦理、道德或政治问题，比如转基因问题。目前人类的基因编辑能力发展飞速，再过十年，CRISPR 和类似的技术对人类的生活将会产生深远影响。从动植物基因编辑、疾病控制到食物制造，甚至到人类的基因编辑，处处可见影响。

但是，我们使用科学并不能解答所有的问题。比如，作为人类意味着什么？编辑人类胚胎基因是否符合人类伦理？如果人们在决策时没有机会深入了解科技证据潜在的影响，从而对科技的发展和应用无法做出正确决定的话，未来无异于像中彩票一样不可预知。

科学传播中伴随着高度的伦理责任，发布信息和发布方式，也与人们的价值观、信念和角度息息相关，都会影响人们的观点、态度和行动。仍然以疫苗接种为例，科学家有充分的证据证明疫苗接种率降低会带来健康风险，但是否强制执行疫苗接种，或者改变人们的固有态度，实际上是政治问题，科学家自己并不能解答。

如何制定更合理的传播方案

所有的科学传播过程都在不同程度上暗含着价值观。信息是与其出发点和落脚点捆绑在一起的，即使科学真相本身是客观公正的，它也不得不受出发点和落脚点的影响。尽管科学传播存在复杂性，但也是由于这种复杂性，科学传播的有效实现需要更坚实的实证基础。

美国科学院针对科学传播的复杂性，提供了一些建议，以下精选出五条，供参考：

1. 使用系统的方法指导科学传播。换言之，在一整张由信息和左右人类想法和行动的影响构成的网络之中，科学传播只是其中的一个链条。

2. 评估科学传播的效力。研究人员通常会评估效果，但是人们通常习惯先传播，后评估。而传播最好建立在充分的观众经验和语境经验基础上，因为科学家想传达给公众的科技风险常常与公众的希望和考虑无关。

3. 科学家要与大众进行良性互动，无论科学带来积极的效果还是风险，都要达成诚实的双向对话。

4. 考虑社交媒体的正面和负面影响。

5. 对于争议性的问题，对传播的时间和方式要有更清醒的认识。这就需要不同领域的专家进行专门研究，用策略性投入来发展科学传播学。同时，也需要科学传播研究者和践行者之间更多的互动和合作。我们要认真思考科学传播的出发点，如何与观众或读者进行合作，尊重科学传播，使其具有社会价值。

具体行动起来很难实现，但是我们完全可以避免对科学证据的忽视，钻研科学传播这门科学，让科学与证据更有效地结合起来，从而影响人们做出决策。

解读科学信息应该顾及人性

柳丹 / 编译

人类积聚了大量的科学知识。我们研发了治疗重大疾病的疫苗，建造了桥梁，规划了城市，发明了互联网；我们创造了许多重型交通工具，能升至成千上万米后安全地降落到世界的另一边。而这还只是冰山一角。虽然共享知识引人瞩目，但它的接受程度却是参差不齐，甚至是天差地别的。还有许许多多重要的科学问题并未在公众间达成共识。

因此，科学家和媒体都需要更多更好地传播科学信息，因为良好的沟通可以确保科学进步提升社会福利，增强民主，削弱假新闻和讹传的力量，履行研究者参与公共事务的责任。这促使美国国家科学院、美国国家工程院和美国国家医学院推出了更多以科学传播为主题的培训项目、研讨会和研究议程。

问题是，科学传播者怎样才能做得更好呢？

第一反应通常是，科学传播的主要目的即是呈现事实，以便人们在遇到事情时，可以进行针对性的思考并采取相应的行动。美国国家科学院近期的一份报告将之称为"缺失模式（deficit model）"。

但实际上，仅仅知道事实未必能保证一个人的言行合一。例如，许多人"知道"再循环利用是有益的，但仍会把塑料瓶丢进垃圾桶。或者他们在网上读到一篇科学家写的关于疫苗必要性的文章，但却仍会对医生支持疫苗议程的行为而发帖泄愤。要说服人们科学证据是有可取之处的，而且应该引导行为，这可能是科学传播最大的挑战了，特别是在我们当下的"后真相"时代。

所幸的是，我们知道很多有关人类心理学的知识，如人们是如何认知、推理、了解世界的，许多心理学的经验教训也可以应用于科学传播事业。

顾及人性

抛开个人的宗教信仰，假设你一直认为是上帝创造了人类，你的父母、老师和书本一直以来也都如是说。同时你也注意到，科学在生活中是大有裨益的，或许你特别喜欢用微波炉加热冷餐，抑或是在你的 iPhone 上浏览 Snapchat。

但是，有一天你读到了科学家对人类进化的举证，你可能会觉得不舒服：难道你的父母、老师和书本对人类起源的理解都错了吗？或者是这些科学家搞错了？由此你会经历一段认知失调的过程，在两个矛盾的想法之间徘徊不安。

心理学家利昂·费斯廷格（Leon Festinger）于 1957 年第一次提出了认知失调理论。他指出，同时面对两种互相矛盾的想法时，人们常常感到不适，这就是人性，而这种不适感会试图调和我们遇到的这种不一致。但无论个体的政治倾向如何，人们通常都更不愿接受与现有世界观冲突的新认知。

下意识避免认知失调的方法之一是采用证实性偏见，即倾向于寻求那些证实了我们所相信的而摒弃了我们不相信的信息。

人类的这一倾向性由心理学家彼得·沃森（Peter Wason）于 20 世纪 60 年代第一次在一个简单的逻辑实验中提出。他发现，人们倾向于寻求已确认的信息，而避免可能会反驳他们认知的信息。

认证性偏见也可推而广之。例如，心理学家约翰·库克（John Cook）和史蒂芬·莱万多夫斯基（Stephen Lewandowsky）在问及人们对全球变暖的看法后，告诉他们 97% 的科学家认为人类活动会导致气候变化。研究人员评估了这一科学共识是否会对人们有关全球变暖的看法产生影响。结果发现，在得知这一信息之后，对人类造成全球变暖这一观点最初持反对意见的人变得更加反对，而支持的人则更加支持，最终形成了两极分化的立场。这就是认证性偏见的作用结果，即与现有认知一致的新信息会加强现有认知，而与之冲突的话，人们则会予以否认，并坚持他们原来的立场。

克服认知偏差

鉴于人类自身的认知偏差，科学传播者应该如何分享他们的信息才能改变人们对重要科学问题的看法和行为呢？

首先，要承认每个人都持有对世界的既存看法。这些旧认知会影响人们接收信息的处理方式。即人们乐于接受符合旧认知的信息，而怀疑与之不符的信息。

继而，关注框架。因为仅一条信息不可能包罗万象，所以它只能强调某些方面而淡化其他。如果不能脱颖而出或只是以偏概全，与其造成适得其反的效果，不如关注些受众所关心的。

例如，加州大学的研究人员指出，气候变化导致海平面上升对关注干旱的内陆农民的警觉效果与对住在海边的人是不一样的。我们当下的行为可能影响到子孙一代，对已有孙辈和暂未有孙辈的人的震撼程度也是不能相提并论的。通过预测受众相信什么和他们视之重要的话题，传播者可以选择更为之有效的框架，即聚焦事件中最引起受众注目的方面，并以他们认同的方式予以呈现。

除了运用框架理论传递思想，具体用词也很重要。心理学家阿莫斯·特沃斯基（Amos Tversky）和丹尼尔·卡尼曼（Daniel Kahneman）第一次指出，当数值信息以不同方式呈现时，人们往往会认为它们是不同的。

在他们 1981 年的研究中举了这样一个例子：假设美国在为一起不寻常的亚洲疾病的爆发做准备，预计它将杀死 600 人。现提出了两个可选的解决方案，假设它们经过确切的科学估计的后果如下：如果采用方案一，将拯救 200 人；如果采用方案二，有 1/3 的概率是 600 人都将被拯救，而 2/3 的概率则是无一生还。两个方案预计都能拯救 200 人的生命，但72% 的人选择了方案一。所以，当两者的呈现框架不同时，即使它们在数学上是等价的，但人们仍然会认为是不等的：即我们的直觉往往不符合概率等数学概念。

此外，隐喻也可以充当语言框架。心理学家保罗·锡伯杜（Paul Thibodeau）和莱拉·博格迪特斯基（Lera Boroditsky）发现，那些看到"犯罪是猛虎野兽"的读者与看到"犯罪是种病毒"的读者提出了不同的解决方案，即使他们并未意识到隐喻所在。隐喻能指引人们的推理，鼓励他们针对不同的对象转变解决方案。如果对方是野兽，就囚禁它们，并加强执法；而如果是病毒，则找出源头，并多采用社会方案。所以，我们的遣词造句将极大地影响人们的思维方式。

我们要学习的东西还有很多。对科学传播策略有效性的定量研究虽然仍处于初始阶段，但却呈现上升势头。随着我们继续解开更多什么和为什么，科学传播者更要意识到他们自身及受众在交换信息过程中出现的偏见和他们分享信息时选取的框架的重要性。

让科学流行起来

王鹏超 / 编译

传统印象中，科学家就是那群面色苍白、身穿白大褂、戴着厚厚的眼镜、顶着一头蓬松乱发的人；他们一手拿着装有刻度盘的仪器，一手拿着烧杯，里面貌似有毒的液体冒着泡，就快要溢出来……他们避免接触太阳，也很少与他人交流。虽然他们偶尔会勉为其难地离开实验室去给学生上课，但他们极少面对公众。如今，随着科学节（Science Festival）如雨后春笋般不断出现，科学家们终于可以用他们独有的方式面对公众，并以他们非凡的创造力让公众惊叹科学的美妙！

近年来，科学传播的方式逐步演变，那种科学家只向学生传授知识的古老传统已经成为过去。得益于学术界对公众参与的日益重视，现在人们期待的科学传播是一个公开且民主的、由公众引领专业人士塑造的一个过程。

今天，科学传播充满了创造、体验、探索、参与、旅程等词汇。这一切使参加科学节感觉更像是一场有趣的冒险，而不是在实验室中枯燥乏味的实验。

点亮智慧之火的科学节

面向公众的科学活动可以追溯到古希腊时代，诸多先贤如柏拉图和亚里士多德等人会在公共场合发表他们的科学和哲学理论。1831 年，英国科学促进会（现为英国科学协会，https://www.britishscienceassociation.org/）开始举办年会，这项活动逐步演变成为现代英国科学节——每年在英国不同的城市举行。然而，"科学节"一词直到 1989 在爱丁堡国际科学节（https://www.sciencefestival.co.uk/）才出现并一直沿用至今。

目前在英国已有超过 60 个科学节，涵盖科学、技术、工程和数学（STEM）等各个领域，同时非凡的创意与表达艺术也日益融合其中。科学节不仅涵盖了纯粹的科学内容，同时也涉及科学教育以及其他相关的方面。威尔士的绿人节（Green Man Festival，green man 指某方面的新手）举办了主题为"爱因斯坦花园"的活动，它综合了科学活动、实验演示、科学演出以及各式各样的身临其境的科学体验。

同样，备受赞誉的蓝点科学节（BlueDot Festival）将自身定义为一个涵盖音乐、科学、艺术、文化和空间探索等诸多方面的节日。蓝点科学节是一个颇有新意的活动，它邀请了豪华的音乐家和艺术家阵容，将其与开创性的现场科学实验、专家讲座相结合。

英国曼彻斯特大学乔德雷尔·班克天文台的洛弗尔射电望远镜在蓝点科学节期间被点亮

并非仅是科技

无疑，科学节旨在庆祝 STEM 方面的巨大进步及其对社会的重要性和价值。但是它同时也成为一个反思的空间，用大胆和最具创意的方式挑战传统的科学思维。

2015 年，哲学家玛瑞·米奇尼（Mary Midgely）因为对人类福祉的贡献而被授予爱丁堡奖章。在过去 30 年中，她将自己的写作聚焦在动物权利、环境问题和进化理论等相关问题的讨论。米奇尼是一名还原主义的坚决反对者，爱丁堡奖章颁奖给她显示了一个明确的信息，即公共科学也可以接受批评。

科学民主化曾经被认为是使科学家走出实验室向公众开展科普教育的一项运动。但是，这种形式的悲剧是，尽管它消除了实验室与大众之间的物理障碍，但它加强了社会障碍：科学家扮演知识的讲述者和传播者的角色——而大众只能倾听和接受这些知识并将其视为真理。

但是，科学节的资助者和公众需求的不断变化却迫使旧的方式发生改变。科学节现在提供科学演出、音乐和戏剧表演、小组讨论、艺术装置和数字平台。还有众多的创作，例如，数学家凯蒂·斯特克斯（Katie Steckles）博士的巨型像素项目，这个项目在全世界同行的合作下，在科学与工业博物馆（Museum of Science and Industry，位于曼彻斯特）创造了一幅巨大的照片。

英国是工业革命的发源地，而曼彻斯特又是英国老牌工业城市。位于曼彻斯特的科学与工业博物馆记录着众多工业革命的记忆。如今，这里也是曼彻斯特科学节的举办地。

更加出色的科学节正在逐步从传统的说教方式演变为给公众提供与众不同的非凡体验。曼彻斯特科学节的导演安东尼奥·贝尼特斯（Antonio Benitez）在一个顾客很多的购物中心安装了一个公共睡眠实验室——chronarium。它将公共空间转变为避风港，以强调放松身心、增强休息的重要性。

同样，爱丁堡国际科学节近日推出了主题为"瞬间"的展览。在展览中，人们可以看到从启蒙时期到工业革命和数字时代的科学进步和成就。

目前，英国极其缺乏科学家和工程师，这意味着科学节比以往任何时候都更加重要。同青年人分享科学和工程的魅力成为一项有趣且有意义的事业。在 2016 年，曼彻斯特是欧洲科学城，设立了"Great Science Share"网站，作为他们科学节活动的一部分。来自 200 多所学校的孩子举办了自己的科学节，并在 Great Science Share 网站上分享彼此在科学节上学到的东西。在这种新颖的方式下，孩子们既是科学的传播者又是观众，而老师成为活动的参与者而非主导者。

由此看来，公众对于科学节的兴趣似乎在逐步上升。在这样一个专业知识和公共信任被不断质疑的时代，让科学流行起来何尝不是一件让人开心的事情。

"科学大游行"：摇旗呐喊是否会失去公众信任

张玥/编译

2017年4月22日，一场"科学大游行（March for Science）"席卷全球，从华盛顿特区到巴黎、柏林、悉尼……六大洲600多个城市的科技界人士都选择在"世界地球日"这一天走上街头，为科学发声。

然而，问题随之而来。科学家能否为公共政策奔走倡议？科学家又是否应该参与到政治事务中来？这成为近日以来学术界和社会舆论争论的焦点。

一方面，科学家具备相关的专业知识，能够为公共政策的沟通对话作出他们的贡献。而且从总体来看，美国公众支持科学家参与到政治辩论当中。

另一方面，让科学家成为政策的倡导者也可能导致科学家们失去公众对他们的信任。对于科学家而言，保持公众信任是十分必要的，这不仅是为了让科学家能够适当地向公众普及公共风险，而且也是为了确保公共研究经费。

在现有研究中，几乎没有人调查过在面对科学倡议的具体案例时，公众将会如何反应。2014年夏，来自美国乔治梅森大学气候变化交流中心（Center for Climate Change Communication）的一支科研团队设计了一项实验，结果显示，美国公众对科学家的倡议主张还是有一定的容忍度的。

测试一名科学家的知觉可信度

该实验邀请了1200名美国成年人参与该研究，参与者阅读了一位虚拟的气候科学家戴夫·威尔逊（Dave Wilson）博士的人物传记和一篇脸书帖子。

在这篇帖子中，威尔逊博士宣传了自己最近接受的一次采访，采访内容是关于他在气候变化上的研究工作。研究团队将这份陈述加入了多种变化，融入了一系列倡议的信息——从没有任何倾向性（单纯探讨气候变化近来所获得的证据）到对于解决气候变化的具体政策提出明确的主张。

可感知到的主张和科学家的可信度

研究团队发现，对威尔逊博士可信度的认知——以及对于更广泛的科学群体

近期发现	5.18
风险与影响	5.17
政策选择与后果	5.08
在总体上采取行动	5.23
采取具体行动：二氧化碳减排	5.05
采取具体行动：核能	4.71

研究人员对这位虚拟科学家的脸书帖文进行修改，以反映对他工作不同程度的主张。人们对他的可信度评价相对稳定（1为最小值，7为最大值），无论他加入了怎样的内容或建议

的可信度认知——并不会因为他融入了各种类型的主张而有明显下降。

当威尔逊博士拥护支持对气候变化采取行动并且没有具体说明应采取怎样的行动时，他的可信度评价与他单纯描述气候变化的新证据或探讨一系列政策的风险与收益时是一样的。

事实上，即便是在威尔逊博士的主张倾向于减少燃煤发电厂的碳排放时，对他可信度的认知仍然保持在相同水平。只有当威尔逊博士的主张变成建立更多的核电站时，他的可信度才受到影响。

倡议与党派倾向的不同接受程度

该科学团队的研究表明，美国公众可能并不会认为如果科学家主张对科学问题采取总体行动就会缺乏可信度，他们也不会因为某一名科学家的倡议而惩罚整个科学界。

然而，该研究仅仅展示了科学倡导的一个案例，其他形式的倡议可能并不会得到同样的公众认同。例如，当科学家在推动某项具体的（不受欢迎的）政策时，就需要格外小心谨慎。

最显而易见的是，该项研究并没有公然地对威尔逊博士具有党派性的陈述进行测试。该调查的参与者也有同样的感触，他们评价威尔逊博士所有的陈述都更具科学性而非政治性。

然而，"科学大游行"却有可能被认为其背后是受到党派信仰的推动。如果是这样的话，那么科学家们也可能无法逃脱对他们行为的批判之声，特别是如果此次游行被看作是对美国总统特朗普或整个共和党的抗议游行。

在本项研究中，保守派对威尔逊博士的可信度评价较低，无论他是否提出任

何倡议或主张。那么，如果保守派将这场游行看作是对他们价值观念的抗议，他们就有可能拒绝接受此次游行所要传递的信息以及传递信息的人——对游行中所包含的有价值的信息也将会不予考虑。

媒体对于"科学大游行"的大量报道也加剧了这种风险。在此次调查研究中，人们虽然看到威尔逊博士在脸书上发帖宣传他的采访，但并没有接触到真正的采访（威尔逊博士在采访中对给定的政策阐明了自己的观点）。他的行为也不是破坏性的，在社交媒体上的一篇帖文很容易就被人们跳过或忽略，而且威尔逊博士可以以他自己喜欢的方式设计他的采访。

"科学大游行"则相反，它的成功举办吸引了大量新闻媒体的目光，而这些新闻媒体有可能会重新架构此次游行的目的。

平衡倡议信息

那么，怎样才能减少环绕在此次游行周围的"党派偏见"的指责呢？

将这种可能性降到最低的一种方式是，参与游行者可以设计一些包容性较强、可以引起公众共鸣的信息，着力强调科学促进社会进步、保护人类未来的各种方式。然而，此次游行与其他明确针对特朗普的抗议游行的相似性，让它可能很难避免党派的隐含意义。

而且，在该研究中，威尔逊博士被塑造为一名年纪较大的白人男性，这比较符合对科学家的固定文化形象；与女性或非白人科学家相比，他可能在提出倡议和主张方面拥有更多的自由度。

但是，此次包容、多元的"科学大游行"则可能会挑战这些对于科学家的传统描述。尽管很多人会将这一点看作是此次游行的理想目标之一，但这也有可能会让此次活动的成功变得更加复杂。

"科学大游行"的目的是为了证明，科学是一个不受任何党派控制的问题。科学家们有此独一无二的机会能够向公众展示，科学是如何促进我们的社会发展进步的。因此，参与游行的科学家应该强调共同的价值观，并与那些可能以其他方式就无法给予认同的公众进行分享——例如，想要为我们的儿孙创建更美好的未来。

如果这场全球活动仍然保持其"科学大游行"的本质，而不是演变成对某一党派或某一群体的抗议游行，那么，它将更有可能使人们的注意力集中于科学研究的重要性。

科学从何处来

贾王玥 / 编译

如果有人给出这样一个定义：科学不断寻求真理，致力于用一种简单易懂的方式对包罗万象的世界给予一个无可争辩的解释，推动客观事物的发展。你是否会认同？

也许很多人的回答是肯定的，但事实并非如此。

公众眼里的科学与科学家们的实际工作或有出入。人们认为科学相比于其他知识领域而言，领异标新，鹤立鸡群，其优越性体现在能够利用知识客观冷静地处理问题，而非主观臆断。所以说"科学是把无形的手"。

但事实上，科学也有其无厘头以及别有风趣的一面。科学虽有其局限性和缺陷，但它仍然是我们理解斗转星移最有效的工具。为了让读者们更好地理解科学是什么、科学研究的方法以及如何利用这些科学方法解决生活上的难题，科学工作者对科学知识进行撰写和报道便显得尤为重要。

何为科学？

科学的特别之处不在于它是人类通往真理的捷径，而恰恰在于它承认了真理的无可辩驳。一些获取知识的方式，如纯理论研究、直觉或者启示等，可能博人眼球，因为这些方式让我们对真相确信不疑。但是当利用这些方式解决某些现象、预测芸芸众生存在的规律时，往往不尽如人意。

相比之下，如果我们能够通过日积月累的实验结果和经验面对这些难题时，仿佛变得运筹帷幄，也正是这些"久经沙场"的经验能够让科学家对即将发生的事情进行精确预测。

科学不等同于知识。事实胜于雄辩。我们经常说"科学事实"，实际上是由大量的科学方法支撑起来的堡垒。而"批评与自我批评"汇聚成了科学拔山扛鼎之力。科学的发现来自一些看似无稽之谈的假说，而科学家为了证实或者否认这一假说，都会进行不计其数的实验和检测，最终去芜存菁。所以说留在教科书上的那些科学知识，殊不知历经了多少"浩劫"。

假设出真知

一些哲学家说，能够验证科学准确性的唯一方法便是付诸实验。实则不然，对于科学理论的验证方法比比皆是，观察法、分类法、陈述法等。一些哲学家认为这些方法荒诞不经，他们认为这仅仅是科学研究的润滑油。

然而，我们发现，当被问及如何阐释某一现象时，我们会不假思索的先给出一种假设。原因何在？其实，我们对于周围事物

哲学家在上图最右边的框架之外

的好奇心和观察力与生俱来，为了思考这一现象的产生，我们会提出一种或多种假设。一种假设便是一种解释。通常我们会这样定义一个假设：X 导致了 Y 的出现。举一个简单的例子：引力导致了皮球重新落回地面。

所以说，科学理论实则是那些经过验证后准确无误的假设。这些假设汇聚在一起从而解释了某一现象的产生。

当然，"真金不怕火炼"，假设需要经得起锤炼。对于一些"伪科学"而言，举一假设：球能够回落到地面是因为一只隐形独角兽钟爱于这个游戏。如此天方夜谭的假说听起来让人忍俊不禁。如果要证实这一假说，科学家们必须检测到独角兽的存在，否则这类伪科学必然不会长存。

对于那些无法验证的假说，基本上会被否决。例如，在一项物理实验中，科学家想要验证 ESP（extra sensory perception，第六感）究竟为何物，能量有多大，但是并没有什么仪器可以检测到，所以这一实验也就不了了之了。（注意：少数一些假说不能得到验证，不是因为技术手段的缺陷，而是说原则上是可以实施的，但是却超越了人类的道德底线和伦理标准，因此会被明令禁止执行。）

实践是检验真理的唯一标准

通常对于某一特殊现象的解释千变万化。陨石坠落地球，是因为地面上一种看不见摸不着的力量拉着陨石吗？还是因为地球的质量使时空发生了扭曲，陨石

遵循最低能量的路径向地球发起冲击？抑或是宇宙万物都遵循向心原理，会朝着宇宙中心自然下落，而地球成为了这颗陨石的"靶子"？为了证实这一系列假说的正确性，实验论证应运而生。

对于科学家而言，面对一种现象，既需要能够提出合理的假设以及对后果进行预测的能力，更需要设计严密的实验来论证这一假设的可行性。我们的本能是先对现象进行观察，但是，观察却往往不能给出一个确定的答案。比如说，如果我能够举起石头重新投掷到地面，那么以上三种关于重力的假设均成立。所以我们需要大量的证据来进一步确定某一假说。但是假说并不一定绝对正确，这是因为我们不能够排除另一个类似的假说也正确的情况。当未来某天一些新的发现推翻了你的假设，那么即使证据确凿也于事无补。如果某天你举起一块石头扔向了太空，那么以上所有的假设都将被推翻。

所以说为了证明某一假说的正确性，大量地收集该假说正确的观察结果其实并不完全可靠。相反，我们还需要一个反面证据来排除另一个相反的假说，那么该假说的正确性也就迎刃而解了。这就是科学上"假设 - 演绎法"模型的核心。

因此科学家会注重于提出假设，并且做大量的实验来推翻它，如果最终有一个假设经过了反复实验论证，均能够重复出来，那么一项科学成果的诞生也就指日可待了。

回首那些刚问世便被人们认为是痴人说梦的经典科学理论，广义相对论和量子力学这些影响整个科学史变革的力量，最终能够为世人接受并且称赞，正是因为科学家在殚精竭虑地实验验证以及准确无误地检测后，才证明其真实性无可非议。

科学家打破成见有多难

杨岭楠 / 编译

一部科学史，在另一种层面，其实也是人类抵触新思维的历史。当伽利略（Galileo Galilei）宣扬哥白尼的日心说时，他站在了整个教廷的对立面，当时教会的教义可是以地球为宇宙的中心，结果 1633 年伽利略被罗马教廷迫害。达尔文（Charles Darwin）的进化论主张新物种是基于遗传特征，是经过自然选择的结果，这与当时长期以来信奉的科学、政治和宗教观点都相悖。魏格纳（Alfred Wegener）在 1912 年提出大陆漂移假说理论——地球上的大陆板块彼此相对运动，然而他的假说在数十年间都不被接受。

这样的例子并不仅存于历史中。我们都习惯了大众在科学面前的钝感，于是希望某些普通人能产生开创性的想法，打破习俗。科学家有时也会囿于成见，阻碍创新的发展。普通民众抵触科学理论的进化是一回事，然而，如果科学家也因循守旧，阻挡新思维的发展，那事态就严重得多了。

创新研究成果的拦路虎

当实验室或实地研究向大众公开时，才算取得了真正的科学成就。如果幸运，研究发现被认可，然后付诸实践，那么医药得以研制，社会政策得以实施，教育水平得以改善。

当科学发现通过学术期刊发表后，这一切都能实现。很多业外人士可能不太了解，在实验室和发表之间还存在重要的一环——其他专家对研究成果所做的评审。这些专家与研究者是同行，一般都是临近科研领域的行家。他们参与的这一阶段被称为同行评审。

在理想情况下，同行评审一般通过研究的质量来判断研究是否可靠。同行评审理应客观公正地评估研究成果是否可以通过期刊发表，防止草率的研究结论面世。

但是，在现实世界中，专家非神，也有可能心存偏见，可能他们自身的偏好会影响评审意见。多篇研究显示，如果被评审的研究成果与评审专家的观点相契合，他们则更容易认同被评审的研究成果。然而，糟糕的是这些观点常与科学研究无关，只是专家的个人偏好。

我信，故我诺？

人们往往存在一个偏见——"女性不擅长数学"，这个观点其实并不正确。但是当专家也这样认为时，很可能他不会认同从事数学以及科学、技术、工程的女性研究人员的成果，这与研究质量无关，只是源于其个人的偏见。

一些研究显示，数学、科学、技术、工程领域的女性研究者会遭受男性同行更严苛的评审。由于性别偏见的原因，在研究发表之前，这些领域的女性研究者可能要对研究倾注更多的时间和精力。

一些少数种族的研究人员也会面临同样的歧视。一项研究发现，黑人研究者申请美国国立卫生研究院科研资金的成功概率不如同等水平的白人研究者。对于研究人员来说，这无疑是他们科研道路上最大的障碍。

再以漫画书研究为例，它属于近期的研究领域。但是，人们通常以为漫画书只是给小孩子看的书。如果同行评审专家也深以为然，在评判此类心理研究成果时，便会持否定意见，这样相关领域研究者在权威期刊上发表论文的可能性就变得十分渺茫，公众想了解这项研究就十分困难了。

守旧思想直接阻碍了科技创新。科学家一般认为传统研究方法和技术比新方法更好，心理学的发展历史可以很好地佐证这点。行为主义是 20 世纪前半叶的主要流派，主张以对行为的观察为基础，进而得出发现。它的信徒拒绝接受研究心理学的新手段。在行为主义统治阶段，任何关于大脑内部如何运行的讨论都成为了禁忌。认知革命的先锋乔治·米勒（George A. Miller）却打破了禁忌，他说："运用'认知'手段进行研究是挑战世俗之举。"最终我们很幸运地看到了一个新领域的诞生，因为米勒敢于挑战，成功在专业影响因子最高的心理学期刊上发表了研究成果。

如果科学家深信传统实验室的技术手段才可以得出最好的研究发现，那么他会更容易否定所有运用新手段进行的研究。这也正是为何创新度最高的研究不常见于权威学术期刊的原因，它们一般都会遭受严重的延迟，然后才被承认。

科学进步还需超越自我

重要程度和创新程度最高的科研成果常常与人们当下笃信的观念相背。如果符合个人偏好，科研才能得到青睐，那么任何基于新想法的研究都很可能被忽略掉。当所有人都相信地球是平的，再提出地球是圆的无疑具有飞跃性。

如果时代被旧思想所统治，科学发展就会受到阻碍。当今世界在以飞快的速度改变着，所以我们需要创新思维来迎接挑战。科学家怎样克服自身观念的局限性来促进科学的发展呢？完全摒弃个人观点是不可能的。但是，我们可以尝试改变自身的观念。大量研究已经为我们提供了改变观念的方法建议。一定程度上，主动权在科学家手上，公众需要他们重新审视自己的观念，摒弃个人成见。

如何成为科学界的巨星

朴晓宇 / 编译

"座无虚席"这种场面似乎与科学界不太沾边，当然，除非你是布莱恩·考克斯（Brain Cox）。这个拥有着一头柔顺秀发的英国粒子物理学家用其独特的魅力使英国广播公司（BBC）的纪录片《太阳系的奇迹》创造了每周300万观众的收视奇迹；他在伦敦温布利球场的科学讲座卖掉8700个座位，创造了"最大卖的科学节目"吉尼斯世界纪录；他让很多上了一定年纪的女性突然对粒子物理感兴趣，打开电视只为听考克斯教授用性感的奥德汉姆口音热情洋溢地讲解她们之前根本不关心的物理问题。

布莱恩·考克斯如何做到让人们花钱买票去听一场科学讲座？是因为他讲座的话题吸引人还是单纯的因为他曾经是乐队的键盘手？抑或是因为他飘逸的秀发？让我们来揭秘这位科学界巨星的秘密。

明星科学家

说到物理学，其实为公众所知的学者并不少，例如，在超弦理论方面有开拓性发现的布赖恩·格林（Brian Greene），天体物理学家奈尔·德葛拉司·泰森（Neil deGrasse Tyson）、粒子物理学和宇宙学领域的权威丽莎·蓝道尔（Lisa Randall）和在推特上拥有超过194000粉丝的天体物理学家凯蒂·麦克（Katie Mack）。

但是不得不承认，更多出现在大众眼中的成功的科学传播者来自其他的学科。例如，数学家亚当·斯宾塞；机械工程师比尔·奈；物理学出身而后转向生物医学的诺奖得主卡尔博士；灵长类动物学家、人种学家和人类学家，并且长期致力于黑猩猩野外研究的珍妮·古道尔；研究自然科学并且是脍炙人口的《生命的起源》的主持人兼制作人大卫·阿滕伯勒，等等。

这一切似乎都与物理学无关，更没有人像布莱恩·考克斯一样，拥有一个乐队键盘手的身份抑或是拥有一头飘逸的秀发。但是这些成功而又伟大的科学界巨星都拥有一个共同点，而这也让他们在芸芸科学研究者中脱颖而出。

讲好一个科学故事

这些科学界巨星都会讲故事。他们能够利用艺术与人文学科的策略，并运用叙事的力量，从而使听众产生一种神奇的情感反应。

2016 年科学界的两个头条，一个是发现了引力波，另外一个是发现了寨卡病毒和出生时大脑异常的联系。引力波的发现是一个跨越数十载，凝集了成千上万科研工作者的汗水、泪水而最终实现的突破性成果；而寨卡病毒让人们产生了恐惧和保护自己及他人的欲望。对大多数人来说，引力波和寨卡病毒对他们的日常生活几乎没有任何关联或影响。然而，科学家利用这些故事创造了一个机会，通过唤起情感反应来吸引观众。

另一个成功的例子是英国的自然纪录片《蒙哥的一家》（Meerkat Manor）。这部以生活在南非喀拉哈里沙漠里的毛茸茸的猫鼬一家为主人公的肥皂剧在 160个国家播出，并获得了两个黄金时段艾美奖的提名。这个讲述猫鼬家族通力合作战胜猎鹰、毒蛇和其他大型动物，从而在残酷的世界中生存下来的故事获得了观众们的好评与感动。所以一个成功的故事能够满足观众的需要，而要做到这一点首先要弄清楚你的对象是谁。

关注你的听众

鲍比·瑟瑞尼（Bobby Cerini）采访了来自世界各地的著名科学传播者，其中也包括上述的一些科学家。她发现这些"科学巨星"在如何与公众沟通方面有一个共同点，那就是他们关注在和谁说话、听众可以接受什么样的语言以及听众会认为什么最有趣或者最鼓舞人心。最有说服力的传播者是那些可以带领听众走进科学故事中的人，使抽象的东西具象化，使复杂的事物变得浅显易懂。

英国皇家学会的圣诞演讲就采用了这种方法。最初在 1825 年由迈克尔·法拉第以向大众介绍科学新知为名，并以其易懂且富娱乐性的特色吸引了众多年轻观众。这种想象力的迸发以及科学的高度可见性——而非性别、种族或信仰——使科学家成为灵感的来源和大众偶像。

做科学界巨星

随着媒体格局的改变，科学家的角色也发生着变化。许多科学家利用他们卓越的地位促进公众对科学的理解和参与，就像世界科学节目的创始人之一布赖恩·格林一样。

那么，这些科学界的巨星天生就拥有超乎常人的口才与魅力吗？抑或是他们在不断的经验学习中摸索、总结？

或许，他们感受并挖掘出了科学传播的力量与潜力，就如同艾伦·艾尔达所说："在我看来，科学传播并不是像蛋糕上的糖衣那样可以给科学增添什么。而是蛋糕本身，是科学的精髓。"

要成为一名科学界的巨星，你首先就需要学会讲一个好故事，满足听众的需要，当然还要做真实的自己。

用科学文化打通发展不充分的末梢

李侠 / 文

中国共产党第十九次全国代表大会报告指出：我国社会的主要矛盾已经转化为人民日益增长的美好生活需要和不平衡不充分的发展之间的矛盾。这个论断包含多层含义：首先，美好生活的需要是全方位的，既有物质层面的美好生活的需要，还有精神生活层面的美好生活的需要；其次，发展的不平衡与不充分是对发展的两个维度的判断。

李建华教授曾撰文指出：发展不平衡是从发展的横断面的考虑，是面的失衡；发展的不充分，是从发展的纵向考虑，是发展的深度不够，张力不够；并认为发展不充分是发展不平衡的根源。从共时性角度考察，发展呈现不平衡性；从历时性角度来看，发展呈现不充分性。发展的不充分性是发展不平衡的原因，而发展不平衡是发展不充分的结果。厘清两者之间的因果关系对于后续的论述很重要。

为什么发展不充分？是什么因素在阻碍并造成了发展的不充分？客观地说，在市场经济条件下，一切资源都是可以自由流动的，基于此，发展的必要条件具备了，但为什么还会出现发展不充分呢？如果把文化与发展的关系比作人体里的血管与血液的话，血管丰富与活跃的区域，代谢充分，机体的状态随之被决定。发展不充分可以看作文化的毛细血管在边缘处于堵塞状态，无法有效输送营养与排出废物所致。因此，可以初步判定发展不充分是文化模式落后导致的，因此，打通文化的毛细血管就是当下的首要工作。

文化有进步与退化之分

文化是一个包含内容庞杂并有层次结构的系统，它的一个重要功能就是塑造人的认知结构，而认知结构决定人的行为模式；同时，文化也在深层次上决定区域的整体交易成本。这些结论早已经被很多领域的专家、学者们所证实。

为了简化论述，根据系统的特点，我们可以初步把文化分成两种：一种是封闭的文化 C1，另一种是开放的文化 C2，所谓封闭的文化就是该系统不与外界进行物质能量与信息的交换，反之则是开放的系统。

显然，封闭的文化系统会塑造群体的退化认知模式，典型表现就是：在这种文化主导下的个体倾向于因循守旧，僵化教条，拒绝接受新事物，缺乏进取心（在封闭系统内也不需要），这是一种典型的退化文化；反之则是进步的文化，它以最大的热情吸纳新事物，并乐于学习与改变，从而造就群体积极的认知模式。从这个意义上说，文化是存在进步与退化之分的。进步文化所主导的区域大多发展比较充分，群体充满活力；而退化文化主导的区域则发展迟缓，人们冷漠麻木，日益呈现出落伍与自卑，并以激烈的排他性的方式掩盖自己的退化事实。

从宏观上看，进步文化主导的区域的交易成本普遍比较低，人们更愿意遵守契约精神，也更契合市场的要求，从而导致资源流动更加便捷，并容易形成资源的集聚效应，这一切导致那里的创新行为更容易发生；反之亦然，高昂的交易成本阻碍了一切变化发生的可能性。从世界范围以及我们国家的区域经济发展程度的分布，不难看出这种差异。从微观层面来说，进步的文化塑造的个体，更富于积极进取精神，学习能力以及主动性都比较强，从而鼓励竞争与合作；退化的文化遏制了个体的反思能力与对新事物的接收理解能力，潜在地造成群体性格的分裂，要么成为顺民，要么成为暴徒。从这个意义上说，文化的贫穷才是彻底的贫穷。

众所周知，社会联系的紧密程度决定社会发展的充分性。由于文化表现形态的巨大差异，造成社会联系程度的重大差别：进步文化主导的区域，人作为社会关系的节点，相互之间联系得更加紧密与活跃；反之，退化文化主导的区域则社会关系联系比较松散与僵化，形象地说，就是血脉不通。

这就意味着在两种文化下，区域的知识渗透性是完全不同的，这也是造成发展不充分的一个主要原因。这是工业化社会基于分工带来的必然结果，从这个意义上说，工业化社会比农业社会在人与人之间的关系上有更为紧密的联系，因为分工导致所有人都要依赖别人才能存活，这种相互依赖越紧密，社会的发展也就越充分。表面看起来，工业社会人与人之间的关系越来越疏远，其实这是表面现象；相反，那些老死不相往来的社会，才是封闭文化的最高境界，完全靠自给自足，这种状态怎么可能衍生出对发展的激励呢？连交往都变得稀缺了，又怎么可能出现充分的竞争与共享呢？

发展渗透文化

既然文化的存在样态决定了发展的充分与否，对此，我们提出一个命题：所有的发展都是渗透文化的。对于退化的文化纲领如何进行改造呢？由于文化的复杂性，改造起来阻力非常大，甚至会出现剧烈的反弹，因此，只有通过用一种被广泛接受的文化来进行改造才可以最大限度上降低文化改造中可能会遇到的阻力，这种可以作为替代品的文化只有科学文化。

科学文化是随着近代科学的兴起而形成的，在它的主导下，世界的面貌发生了根本性的变化，也给世人的生活带来巨大的福祉，这一切已成无可争辩的事实。不论何种文化、也不论哪个族群都无法否认科学所取得成绩。这就为文化的改造提供了很好的替代品，然而，把这种可能性变为现实还有很长的山坡要爬，正如美国哲学家詹姆斯·卡斯所说：每一个社会最深刻最主要的斗争并不是与其他社会的斗争，而是与存在于它内部的文化的斗争——文化即是它本身。

文化改造的难点在哪里？人类学家本尼迪克特在《文化模式》一书中指出：它挑战习惯思想，使得具有这些思想的人痛苦万分。它所激起的悲观来自于，它完全打乱了陈旧的规则，而并非因为它包含着任何内在困难。其实，可以把本尼迪克特的说法换成更容易理解的经济学解释，即改造退化文化所带来的当下收益是不可见的，而改造所引发的心理成本却是实实在在的，人类规避风险的本性阻碍了对于未来的乐观预期。

那么，基于人类风险厌恶的心理，不改变退化的文化又会如何呢？人类学家爱德华·泰勒尖锐地指出：当人们不能看到事件中的因果关系的时候，他们就易于依靠主观冲动、偶然偏激等观念，依赖偶然性、无意义和含糊的莫名其妙的观念。公认的观点，尽管是错误的，能够长久保持自己的优势地位。这种后果是无法承受之重，在全球竞争与区域竞争日趋激烈的当下，没有任何一个区域或族群可以绕过文化改革，否则只能在封闭中被世界所无情抛弃。

文化改造的微观激励机制是什么呢？如果接受一种新文化能够带来个人福祉的提升以及整个社会交易成本的降低，那么这种回报将直接激励区域内人群积极参与到文化的改造进程中。科学文化的引入恰恰满足了这种预期，反观那些科学文化浓度较高的地区，渐成繁荣与人才积聚的中心，无形中导致区域知识资本积累的增加，而知识的密集降低了区域的学习成本，这些好处都会溢出并被公众分享。区域知识梯度越高，则知识的溢出效应越明显，溢出的范围也越广，也越能激发创新，创造更多财富，从而形成良性循环。

美国创新专家拉里·唐斯（Larry Downes）指出：未来，那些仅仅将他人的科技进行合理组合的人会成为最成功的创新者。这一切皆源于大爆炸式创新的三无特点，即无章可循的战略、无法控制的增长与无可阻挡的发展。这就是文化变革所蕴含的经济学意义。经济学家亚当·斯密早就指出：很多改善和进步得益于机器发明者的独创性……有些则归功于被称为哲学家或思想者的才能，他们只是观察事物，再无其他；而正因为此，哲学家往往能够将最离散、最相异物体的力量结合起来。所有这一切都源于科学文化在当地的浓度与扩散，一旦接受科学文化的人群基数增加了，整个社会的接收能力自然增强，然后领先者的成功会引发后来者的连锁反应。

诚如詹姆斯·卡斯所言：由于文化自身是一种创造，所以它的所有参与者都是创造者。不过，他们不是现实的创造者，而是可能性的创造者。在笔者看来，所有文化变革最直接的目标恰恰就是创造可能性，而可能性则为发展提供了广阔的空间。

改造退化文化的路径无非三条：内容的替换、删减与增加。前两项推行的社会阻力较大，尤其是全面替换，为了减少社会震荡，通常不采用；至于内容删减，由于要删减的内容有限，对于极端退化的内容还是要果断删减，比如历史上坚决废弃妇女裹足的陋习就属此类；对于大多文化内容的变革通常是采用温和的增加科学内容的策略，只要浓度足够大，就可以达到稀释落后内容的目的。从这个意义上说，当下开展得如火如荼的科学普及运动就是增加科学文化浓度、从容改造退化文化的一种阻力小而且有效的方式。

还有一个问题也需要关注：文化的逆转问题，即从进步到退化的逆转。伊朗的巴列维国王被推翻恰恰是科技文化被逆转的典型案例。如何看待这个现象，事关科学文化对落后文化进行改造的稳固性问题。

科学文化的最大优点就是其所蕴含的生产性功能，但是，一种文化仅有生产性功能是不够的，毕竟人们的需求是多样化的，生产性功能仅是物质层面的体现，科学文化还需要满足精神层面的需求。如果科学文化能够提供满足广泛精神需求的产品，那么，它将极大地获得受众的认同，并得以巩固。遗憾的是，到目前为止，科学文化在主动满足人们精神需求方面的努力才刚刚起步，这也是目前科学文化经常败于迷信的根源所在，从这个意义上说，科学文化要达到真正走心的地步还有很多工作要做。

如何支持科学新闻繁荣发展

张玥 / 编译

最古老的已知人类骸骨，第一次探测到引力波，探测器成功登陆火星，希格斯玻色子的发现……所有这些在全球引起广泛关注的科学故事都表明，公众十分渴望了解最新的科学研究和技术创新。

但是，科学新闻是否符合公众利益呢？

专业的科学记者在社会中的作用十分重要，这体现在以下几个方面：他们是可以影响政策的可靠科学研究的公共传播者；他们是有纰漏的新闻和"不可靠的"（甚至威胁生命的）科学研究的检验者；他们是科研机构的公共关系部门和大众媒体之间的把关人。然而，这种专家型科学记者的数量在严重下降。

推动政策制定

在 2012—2013 年期间，一系列的媒体机构与澳大利亚医学协会和澳大利亚科学院展开合作，共同推动了一场全国性的免疫运动。

他们不仅在澳大利亚的各大新闻媒体平台发布了扎实、出色的报道，《每日电讯》和新闻网站 MamaMia 同时也发起了一场运动，鼓励读者能够承诺为自己的孩子进行免疫接种。

2013 年，《每日电讯》再度出击，推出了"没疫苗，没得玩（No jab, no play）"的概念，宣传推广儿童保育中心应该停止接收未接种疫苗的儿童入学。州政府和联邦政府随即引入法律法规，着手实现了这一建议。目前该项目仍在管控之中。

与这一报道相关的还有一个成功案例，是新南威尔士州公平交易办事处针对反疫苗激进组织"澳大利亚疫苗网络"（Australian Vaccination Network）发起的。该网络的名称被认为具有误导性，现在该组织将名称重新变更为"澳大利亚疫苗怀疑论者网络"（Australian Vaccination–Skeptics Network）。

"坏科学"的把关人

在很多学术期刊中都实施着扎实的同行评议和编校程序，但是有时候，人们所谓的"不靠谱的"科学研究还是会被发表出来，而且可能会导致不堪设想的后果。

一个非常经典的案例是 1998 年的一项（如今被证明是作假的）研究，该研究声称儿童中所发现的类似自闭症的症状和胃肠道异常是与麻疹、腮腺炎和风疹（MMR）疫苗接种相关的。这是一项小型的（只有 12 名儿童）观察性研究，而且第一作者安德鲁·维克费尔德（AndrewWakefield）在提交论文时并没有披露关键信息。

在随后的新闻发布会上，维克费尔德表示了他对于 MMR 疫苗的担忧。媒体积极地、不加批判地对这些声明进行了在道德和科学上都不扎实的报道，并且将其变成了被称为"可能在过去 100 年最具破坏性的医学骗局"。2008 年，有报道称麻疹开始再次在英国流行，其中的原因也是由于 MMR 疫苗接种率的下降。

如果记者在最初的新闻发布会上能够具备足够的知识，批判性地对研究结果进行鉴定和评估，就有可能从一开始就揭露这一蹩脚的科学研究。后来，调查记者布莱恩·迪尔（Brian Deer）发现这篇论文是具有欺骗性的，他在纸质媒体上发表了这一报道，并且制作了纪录片以揭露这一骗局。

科学新闻与科学公关

科学新闻与科学公共关系（PR）有时候很难加以区分。公关专员的工作是让每一个故事都能够最大限度地吸引眼球。记者的职责则是找到一个故事并且报道其背后的证据，无论这是谁的故事。

如果将某个高校撰写的新闻通稿（而不是经过同行评议的科学文章）作为主要证据来源的话，就很容易越线成为资讯娱乐而非独立的新闻报道。

而且，有些看起来像是科学新闻的报道往往得到了高校和研究机构的大力赞助。这种所谓的"原始内容"（因为它看似对其上下文背景来说是恰当的）正变得越来越流行。

随着媒体机构的记者相继流动到学术和研究机构的宣传岗位上，这一趋势也开始逐渐恶化。尽管写作风格与新闻记者一样，但这些被宣传岗位雇用的老记者们关注的是如何推销本研究机构的科学研究。这绕开了对证据进行扎实、独立的检验。

随着科学记者逐渐成为"濒危物种"，这种趋势可能会愈演愈烈。

"濒危物种"

科学类调查记者在澳大利亚的新闻工作室中属于"珍禽异兽"；其中最近的案例就是《悉尼晨锋报》的马库斯·斯特罗姆（Marcus Strom）以及近期刚离开工作了 16 年的《费尔法克斯》、加入墨尔本《时代报》的布赖迪·史密斯（Bridie Smith）。

澳大利亚广播公司（ABC）似乎是唯一一家拥有科学部门的主流媒体机构。在这里，专家安娜·萨勒（Anna Salleh）、杰克·斯特姆（Jake Sturmer）以及具有丰富经验的科学记者、通信员，加上罗宾·威廉姆斯（RobynWilliams）、娜塔莎·米切尔（Natasha Mitchell）、乔尔·沃纳（Joel Werner）、伯尼·霍布斯（Bernie Hobbs）、鲁本·米尔曼（Ruben Meerman）以及卡尔博士（Dr Karl）等广播员，一同为公众在多种平台上提供日常的科学内容。

专攻环境、健康和技术的记者仍旧在主要的媒体平台上占有一席之地，《宇宙》（Cosmos）杂志为澳大利亚的科学内容提供了另一种平台。比安卡·诺格拉迪（Bianca Nogrady）、利·代顿（Leigh Dayton）和格雷厄姆·瑞德费恩（Graham Readfearn）等自由撰稿的科学记者则在一系列的媒介平台上推动具体的项目进展。

专业的记者会随着时间形成对事物深刻且复杂的理解，并且在进行快速的网络搜索之前就掌握到底发生了什么。例如，他们可能会意识到，某个所谓的"突破"只是一项经过重新包装的旧研究，或者某项研究非常小，又或是它在还不具备足够的重要性时就做出了展望。或者是"比光还快的"中微子只是统计异常（和一个错误），而不是经过检验的事实。

专家型科学记者的消失意味着一种员工的消失，他们不再有时间和专业知识去进行深入的探索，或是去提出让人不快的问题。这带来的后果是科学报道的广度、深度和质量都有所下降。此外，记者还面临着工作量的增加，需要学会使用多媒体技能以及源源不断的报道压力（受到 24 小时不间断新闻周期的驱使）。因此，想要进行真正调查的机会就比较渺茫。

科学报道新方式

随着科学记者的数量有所下降，科学界开始行动起来，各种博客和社交媒体网站（有些非常成功）相继涌现出来，以填补网络上的空白。

澳大利亚科学媒介中心等机构如今正致力于支持并推动循证科学新闻。该中心拥有 1600 名用户，并且会通知联络数百名参与定期简报的记者。

澳大利亚科学媒介中心首席执行官苏珊娜·艾略特（Susannah Elliot）表示："当澳大利亚科学媒介中心于 2005 年开始运行时，全国的主流新闻工作室大约有 35 名专家型科学记者。现在，你用一只手就能数出他们。"

专家型记者的缺失意味着，没有人会在编辑会上为好的科学研究去争取，或者是在日常的新闻报道中寻找科学的角度。

我们所有人都必须全力以赴，帮助普通记者报道科学，并确保他们没有遗漏重要的东西。

未来愿景

科学新闻可能从未在媒介机构中享有一成不变的地位——有些报道声称科学新闻在 1987 年到达顶峰。在一篇重要的大众科学历史的综述中，作家马丁·鲍尔（Martin Bauer）指出，科学新闻很容易会走向"繁荣与萧条的周期"。

对于更多的、经过改进的科学新闻的需求，是基于"没有它生活会变得更糟"的假设。这对于学者而言是一个简单的跨越，毕竟，我们的存在就是基于知识越多越好的理念。

但是，我们应该如何以此说服大众？单靠研究"科学新闻的衰落"（记者数量变少、散漫芜杂的科学报道、品牌化内容和原始内容的兴起），不足以证明我们需要更多的科学记者。我们必须要清晰地阐明其中的公共利益，并且说服被媒体包围的消费者，他们的生活中应该为科学留有一席之地。

同时也必须要形成清晰的商业案例以支持科学新闻。诸如 Nautilus 和 narrative.ly 等相对较新的媒体平台以其自身经历证明，将科学与创造性的非虚构小说、慈善基金、订阅服务、付费墙以及新闻和公共关系的混合模式相结合，可能是未来值得探索的商业模式。

The Conversation 网站主要是由高校支持，发表由专家学者撰写的科学、技术、环境和能源报道。

然而，在此还尚未有让人信服的案例证明，公众会对健全的科学新闻给予大力支持。在澳大利亚国立大学教授琼·利奇（Joan Leach）看来，这让人感到遗憾。他们认为，学术界、媒体界以及依赖于科学技术的私营领域，应该开始协力形成科学新闻的公共价值。琼·利奇教授在新西兰的同事丽贝卡·普利斯特利（Rebecca Priestly）为科学新闻建立了基金提供经费支持。她认为，澳大利亚也是时候该向这个方向努力了。

企业参与的科学研究何以招致公众如此反感

岳明 / 编译

曾有苏打生产企业赞助的营养学研究，还有石油集团出资的气候学术研讨会。面对这些企业出资赞助的科学研究，公众是否在意呢？

简单来说，是的。如果企业资助科学研究，那么科学成果的可信度就会受损。但是由于政府机构对于科学研究资助力度有限，这种公共与社会资本合作的伙伴关系似乎正在变得越来越流行了。

有时，公众会热议科学研究利益冲突的话题。美国国家科学院、工程院和医学院已经修订了其对于转基因生物专家团队现有成员如何处理与工业界的利益关系及冲突的指导方针，这在专家团队的最终报告中并未披露。

尽管政府机构做了如此多的努力，当科研机构与企业共同进行科学研究项目时，让公众相信科研成果的真实性是十分困难的。即使企业只是几个合作者之一，公众也对科研成果的可信度产生怀疑。

公众对经费来源有想法

在涉及转基因食品及反式脂肪酸的潜在风险的研究中，研究人员调查受访志愿者对研究项目合作出资方的看法。参与者被随机分配，每个人评估 15 种不同的研究合作形式中的一种，包括来自大学、政府机构、非政府组织及大型食品公司的研究者的不同合作形式。

例如，1/15 的参与者被询问对于只包括大学的研究者参与研究项目的看法；另外 1/15 的参与者被询问既包括大学也包括政府机构的研究者参与项目的看法，以此类推。我们一共提供了来自 4 种机构的研究者，这 15 种合作关系分别是：完全单一类型的研究者（4 种）、两种类型研究者的合作（6 种）、3 种类型的研究者合作（4 种）和所有类型的研究者的合作（1 种）。

当研究组包括来自企业的研究者时，被调查者通常不太可能相信他们会结合所有的研究数据并充分考虑之前的研究成果；来自企业的研究者也不考虑有多少被调查者相信他们的成果。

在这项调查开始之前，科学家们认为在研究项目中包括多元化的研究合作伙伴也许会降低随着企业参与而带来的负面观感。然而，虽然包括非企业组织（特别是非政府组织）会造成一些不同，但是效果很小。而加入政府研究作为合作伙伴也不会带来实质性的额外收获。

被调查者认为，企业研究者通常不会披露任何损害企业利益的信息，即使这些信息是研究成果的一部分。这项调查的结果也是令人沮丧的：即使调查者选择的是具有良好信誉的企业，也不能改变被调查者对于其研究成果的怀疑程度。

企业究竟能否做出可靠的科学研究？

研究人员在哪里（企业还是公立研究机构）悬挂实验制服真的很重要吗？

生活中由于利益驱使而歪曲科学成果的例子不胜枚举，在制药、化学、保健品和石油行业都存在，且证据充分。这些道德上值得怀疑的事件无疑会助长公众对于企业主导的研究的怀疑情绪。制药企业为了其市场销售部门的利益而进行不太严谨的临床试验，或者烟草行业在有力证据面前仍然顽固地否认吸烟与癌症（尤其是肺癌）的关系，这些都有助于解释公众为什么对于企业资助的科学研究项目如此不信任。

但是，企业对于科学研究和技术发展的资助是有很长的历史的。企业资助的研究开发了广泛应用的技术，推动了生产力的发展，改进了损害公众健康和地球环境的生产方式，并且赢得了诺贝尔奖。而且，科学家在预算紧张时，大公司有能力为科学研究买单。

这种信任的缺乏是否能够被克服？我们需要从长远角度考虑这个问题。在任何制度背景下，都必须建立激励制度，比如对于目前缺乏经费的研究项目，短期利润和研究者个人被认可度就是激励研究进展的关键因素。在上述调查项目中，公众对于企业资助的研究成果的判断如此之快，快到根本没仔细看研究过程，这个现象表明，科学家需要慎重考虑应该如何有效地将研究成果展示给公众，才能得到公众的认可。针对研究成果的评价应充分考虑其科学价值本身，而不是参与研究的人。

通过这项调查，我们期望在科学研究合作关系中找到一种包括多元的、非企业组织参与的方式，这至少可以部分地减少被调查者对于企业参与的担忧。考虑到企业拥有广泛的资源和足够的专业能力，我们期望寻找一种能既充分利用社会资源又能产生高质量研究成果的合作关系。

展望未来，更多的社会科学调查正在进行，探究何种具体方式会改变公众对于企业参与研究项目的看法。例如，开放数据、政策透明或外部评审过程等或许会减轻公众的偏见。鉴于企业在科学研究和技术发展中的重要地位以及公共资金配置在经济发展中的杠杆作用，寻求多元化科学研究经费资助策略是非常重要的。

科学与政治的完美结合将使全社会受益

王梓宁 / 编译

几个世纪以来，科学已经成为现代社会不可或缺的一部分，不仅帮助人们拥有更加健康的身体和不断增加的社会财富，还持续加固已有的文化结构。然而在全球范围内，对于科学证据，政治家们常常会选择刻意忽视。

当科学事实无法满足政客们的政治需求时，后者便会或者精挑细选所需要的科学依据，或者选择性失明。在这个"后真相"时代，"选择性事实"取代科学及其他事实依据早有先例。

调查还显示：大多数人依旧支持并相信科学能够给人们的生活带来好处，但是近期的科学政治化开始使人们对科学所带来的益处产生怀疑，甚至使得许多人的世界观呈现出两极化。

或许，政治家们的做法仅仅反映出一个趋势，那就是人们会依据自己的世界观去决定自己究竟该去相信何种科学事实。

也许，对于那些与斯科特·普鲁特（Scott Pruitt，美国律师，俄克拉何马州原司法部长，气候变化怀疑论者，目前为美国环境保护署署长）类似，否定科学对决策存在重要性的官员们，若没有获得公职任命也在情理之中。

毕竟，虽然政治家需要代表选民，并反映选民的诉求，但是对于那些能够基于可靠证据同时提出明智决策与公共政策的人们，政治家们也有责任任命他们。

因此，同以往相比，现在更需要政治家们在推行有事实依据的政策时，重视科学的作用。

议会中的科学

自 1999 年起，澳大利亚的年度科学与议会（Science Meets Parliament）活动便将政治与科学联系在一起。而如今该年度活动则由澳大利亚科学与技术协会（Science and Technology Australia）组织和举办。

这个特别的活动使上百名科学家和澳大利亚议会官员齐聚一堂。此外，活动之所以取得成功，正是因为其本身用独特的方式将科学在两天时间里渗透到议会中。

科学与议会活动主要有三项重要成果：

1.各年龄的科学家都应该向议会传递科学带给人们的震撼和益处，从而形成一个全社会支持科学发展的"良性循环"。

2.同时，科学家也应该认识到政府层面所做的努力与实现的进步，并为政府专业化发展出一份力。

3.应建立议会与科学家之间长期互通有无的网络模式。二者的联系不应仅仅止步于科学与议会活动，而应该在更为广泛的维度上进一步强化科学在议会中的作用，这种广度不仅是联系的加深，更是两者渗透性的加强。

此外，这种联系也成为保证科学在政府决策中日益发挥重要作用的关键所在，因此也帮助强化了科学在社会中的作用。

事实是现代社会的基石

同工业一样，在政府的各项进程中，科学的持续创新也同样举足轻重。否则，政府的运转就无法满足瞬息万变的社会需求。就如同科学与议会活动这样的紧密联系的活动，这种参与模式本身就是不断进步改良的重要部分。

同样，无论是面对重要的决策者还是普通的民众，科学家在日常生活中也应起到传播科学的作用，也只有这样才能防止"选择性事实"的现象出现。

不论是在学校、工作地点还是社区，甚至在晚宴上，科学家都应分享科学领域的一些共识，即便这些科学知识并不是其自身所擅长领域的专业知识。而那些对气候变化、转基因食品、核科学等相关知识了如指掌的科学家，应该在全社会范围内帮助大众加深对这些知识的理解。

最后，对于那些挑选事实真相的群体或个人，无论是通过科学与议会活动，或是以个人的名义，科学家都有责任抗拒他们的行为，以巩固当前这个以证据为基础的现代社会。

观测日食：科学普及的新形式

牟庆璇 / 编译

还记得 2008 年 8 月份发生的日食吗？在中国北方大部分城市能够看到日全食的盛景。如果错过了那次机会，那么在 2017 年 8 月 21 日又出现了这一神奇的自然景观。虽然这次只有美国人才能够看到日全食，南美洲、非洲和欧洲部分地区的人们可以看到部分日食，亚洲人除非飞往西方国家，否则只能通过网络直播观看了。

日食原理

众所周知，月球围绕地球公转，地球围绕太阳公转，当月球运行到地球和太阳之间时，它会阻挡部分或全部太阳光，从地球的特定位置上就可以看到日食。在太阳系中，地球是唯一能够发生日食现象的行星，这是由月球的大小和它与太阳的相对距离造成的。当从地球上看时，月球可以完全地覆盖日轮，这样就把太阳周围稀薄的束状的光晕显现出来，也就是平常所说的日冕。

并不是月球的每次公转都能够导致日食的发生，因为它的绕行轨道相对于地球的公转轨道有轻微的倾斜（约 5℃）。然而，当两个轨道完全对齐时，就会发生这一震撼的、令人惊奇的自然景观。当日食开始后，月亮会继续沿着轨道运行，地球上温度下降，天空逐渐变得黑暗，日全食时看太阳其实看到的是月球以及它周围的辐射光线。日食大约每 18 个月发生一次，只是观测地点每一次都不一样。

2017 年 8 月 21 日发生在北美洲的日食，从东部向西部进行，在太平洋夏令时间（Pacific Day light Time）9:05 于俄勒冈州林肯海滩（Lincoln Beach, Oregon）开始，然后以每秒高达 1 千米的速度穿越北美洲，最后在美国东部夏令时间（Eastern Day light Time）16:09 于南卡罗来纳州查尔斯顿（Charleston, South Carolina）结束，全日食发生时间最长的地点是在伊利诺伊州卡本代尔镇（Carbondale, Illinois）附近，持续约 2 分 40 秒。

在日食过程中，有 110 千米的范围，人们能够看到太阳被完全覆盖。除此之外，随着月球的不断运转，日全食会变成日偏食，太阳表面覆盖率越来越小。据估计，在超过 1200 万美国人可以观测到日全食，有近 2 亿人有幸观测此次日食。这是一次前所未有的全民参与的科学观测活动，并且可能也是有史以来最精心策划的日食观看活动。

数字媒体"推波助澜"

数月以来，在社交媒体上关于此次日食观测活动的话题越来越多。推特（Twitter）、脸书（Facebook）和一些网络照片分享平台（如 Snapchat、Flickr 和 Instagram）上已经被关于日食的照片刷屏。事实上，日食应该是有史以来数字记录最多的事件之一，这对科学研究很有意义。

"全民观测实验"（Citizen CATE, Continental-America Telescopic Eclipse）是欧洲和美国共同进行的一个活动，有超过 20 所高校、5 个国家级研究机构等组织共同参与，旨在利用由公民科学家、高中学校和大学共同管理的 60 多台望远镜网络来捕获日冕时的内部图像。"百万日食小视频"（Eclipse Mega-movie）活动则是要求观察者使用他们的应用程序，沿着日食的整体路径上传图像，以便构成此次日食运动的扩展和连续的影像。

这两个活动能够组成太阳白光电晕的独特数据库，在平常，这种电晕很难观察到，因为太阳光过于明亮，把这种电晕隐藏了起来。通过这次收集的数据，科学家可以仔细研究太阳电晕的细节结构以及太阳风暴如何把它拖入外太空。

另外，最值得注意也是最重要的一点是确保人们知道如何安全地观测日食。除了在全日食的短暂时期外，直视太阳是不安全的。只有使用特殊的太阳光过滤装置才能进行观测，例如经过认证的日食眼镜。未使用保护装置的摄像机、望远镜、双筒望远镜或其他光学设备会集中太阳光线，这对于观测者的眼睛是有严重损伤的。如果没有可用的过滤设备，观测者最好使用针孔相机通过投射间接观测日食过程。

科学新见解

科学家尤其兴奋，通过此次全民参与的观测活动普及可以科学知识。有数以千计的以天文学为导向的活动在日食观测区域内举行。

11 个隶属于美国国家航空航天局（NASA, National Aeronautics and Space Administration）和美国国家海洋和大气管理局（NOAA, National Oceanic and Atmospheric Administration）的卫星、高空气球、数百个地面望远镜，甚至国际空间站（International Space Station）都充分利用这次独特的机会观测地球表面。观测日食这并不只是仰望月球和太阳。日食运动也给观测地球提供了一次前所未有的机会，尤其是在如此非同寻常的条件下。

NASA 表示，多个国家的观察员从地面和空间测量从太阳进入地球大气层的辐射能。通过这次观测，科学家应该会对"当有颗粒、云层，甚至是月球阻挡的情况下，太阳光是如何照射到地球表面的"这一课题有新的见解。

NASA 的视频播客边缘（EDGE），在卡本代尔进行了四小时的在线电视直播。其中包括科学家访谈、现场小组问题、观看高分辨率的太阳图像和高空气球发射。这次日食观测是美国近七年来最大范围的天文学科学普及活动。

阿波罗登月任务（Apollo）是美国的科学遗产之一，至今仍不断激励年轻人成为工程师或者科学家。这次日食观测活动是以不同方式进行的科学普及，但最终目标不仅是让人们对地球、太阳或者月球有更大的研究兴趣，还有就是希望能够启发更多的年轻人成为未来的科学领袖。

科学艺术

科学能从艺术中借鉴什么

马明良 / 编译

保罗·达尔加诺（Paul Dalgarno）是英国赫瑞瓦特大学（Heriot-Watt University）的一名物理学助理教授。作为一名物理学家，达尔加诺的日常工作便是控制实验，进行数据描述，对所观察的现象进行量化。因此达尔加诺从不认为自己具备艺术能力，也无法对周围的世界进行艺术解读。

但是最近与赫瑞瓦特大学一名驻校艺术家汉娜·伊姆拉赫（Hannah Imlach）的一次合作改变了达尔加诺的想法。他意识到科学与艺术具有内在的相通性，科学能从艺术中学习很多。

显微镜影响深远

显微镜或许是人类科学史上影响最深远的发明之一。显微镜起源于 17 世纪启蒙运动早期，发展到如今，显微镜的运用几乎为现代科学的各个方面提供了强有力的支撑。其中，显微镜在生命科学中的应用尤为重要，运用显微镜科学家可以观察到单个细胞瞬息万变的复杂的动态过程，促进了医疗、生活质量以及人们对生命的理解等方面的重大进步。

雕刻家汉娜·伊姆拉赫设计的荧光投影仪

如今的显微镜包括曾荣获诺贝尔奖的荧光显微镜（fluorescence）和超分辨显微镜（super-resolution），这两项新技术将显微镜学推向了一个新的时代，它可以让人类看到比以往更精细的世界。利用最先进的显微镜，科学家可以即时研究活动细胞的细小部分，并绘制出细胞活动的电脑图谱。现如今，科学家已经可以对细胞世界进行直接、精确的描述了。

对于从事细胞显微镜研究的科学家来说，显微镜的本质已经遗失，显微镜技术所带来的令人惊艳的美感与典雅也通常被忽视了。

有时候回头看看显微镜下呈现的图像也很重要，科学家通常只注重对观察到的数据进行量化，而忘记问问自己从目镜中看到的到底是什么。

共通之处

赫瑞瓦特大学的生物化学、生物物理学、生物工程研究所获得了一项利华休姆信托基金（Leverhulme）的驻校艺术家赞助，使得雕刻艺术家汉娜·伊姆拉赫能够在该研究所进行为期一年的研究工作。汉娜将自己全身心地投入研究所的研究氛围中去，她可以开拓研究员的思路，同时也为自己的新作品寻找一些灵感，她的新作品将聚焦显微镜学的现代研究和应用。

科学家与艺术家合作似乎是一个颇具挑战性的想法。交叉学科以及跨学科的交流对现代科学的发展至关重要，并且值得大力提倡，但是艺术与科学的边界似乎并不明晰。因此从何开始，哪里是二者的共通之处是值得深思的问题。

科学家和艺术家都热衷于在显微镜下观察细胞的视觉之美。虽然艺术注重的是功能性和可雕刻性，但二者都希望建构细胞的光学原型。这就包含多重投影系统和大显微镜，可以将显微镜仪器与数据的艺术视角相融合。

然而，科学与艺术的真正交集却是当艺术家汉娜将她的素描簿交给科学家时，这一刻科学家们都惊呆了。这样的交集也是大家始料未及的。

科学家将这些素描本亲切地称为"实验本"，它们利用视觉符号记录了每个概念和想法从最初萌生到发展为共识，最终演变成完整构架的全过程。这也是一个概念发展、演绎的流程图，与科学家的方法有异曲同工之处，这一刻也让达尔加诺意识到原来科学也可以借助艺术的某些方法。

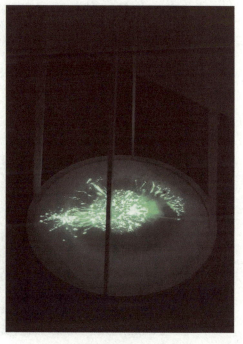

汉娜的投影仪捕捉到了显微镜技术所揭露的无与伦比的美

理性与感性

科学家或许也会记录他们的实验结果，精确并详细地记载他们的分析和讨论，但他们几乎不会像汉娜那样将他们的想法用图示完整地记录下来。"一切都在我的头脑中"再加上一些粗略的草稿和短时的白板框架图就足够了，科学家或许会这样说。而在由汉娜参与的这个项目中，每个想法都清楚明白地标示出来了，更重要的是这些图示还清晰地展现了一个科学设想是如何产生，并最终演变会科学结论的。

其实科学家和艺术家在进行研究或创作时遵循着大致相同的路径：科学家首先是提出假设，然后运用基础知识进行验证，发现不对就放弃这个想法另谋它径，然后有了初步的结果，对这些结果进行解读和扩展，最后发展成为最终的实验或结论。

与科学家的研究过程相比，艺术家的创作过程看上去似乎是杂乱无序的，只有在这个合作项目中，这一过程得到了更完整地记录。其实科学和艺术有诸多相通之处——从根本上说它们都是理念、想法和激情催生的结果。只是二者在完善发展各自的想法，呈现最终结果时出现了不同。

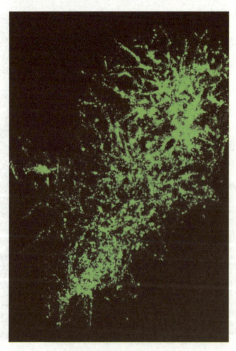

数据也可以用图示和颜色来呈现

汉娜的荧光投影仪可以让观察者充分体验到超分辨荧光显微镜的神奇之处。它利用一个注满水的球透镜（球透镜的创意灵感来源于 17 世纪的初级显微镜）将实时数据投影到屏幕上来。这一装置可以调整光学像差和光学振动，从而将图像映射到雕像上来，如此观察者就可与数据进行互动，并探寻数据的深层含义。

汉娜的这一发明使达尔加诺产生了这样的疑惑：科学家应该怎样进行科学观察？怎样发展他们的想法，并将之转化为实验和共识，然后传播出去？这些都是非常简单的问题，但达尔加诺认为这些问题值得深思。

实际上，科学研究也是一个动态的过程，具有很强的随机性，注重对过程和结果的解释。科学研究需要直觉和预感，更重要的是，需要灵感以及对所研究的事物有着超越教科书式的深层理解。简而言之，科学研究也是一种艺术创作。作为一名科学家，达尔加诺在与汉娜合作之后终于明白了这一点。

科学与艺术的完美融合

王雷 / 编译

当艺术家和科学家聚在一起时，会擦出创造性的火花。科学与艺术的结合会产生意想不到的效果，目前，科学—艺术合作项目越来越受到青睐，科研成果通过艺术家的修饰，从而完美地呈现给公众。例如，南极海冰研究项目的科学—艺术形式，美丽化学项目的艺术呈现都是科学与艺术的完美融合。

南极海冰的科学与艺术研究

奥克兰大学（University of Auckland）海洋物理系科学家克雷格·史蒂文（Craig Stevens）与跨学科艺术家加贝·奥康纳（Gabby O'Connor）共同完成了南极海冰的科学—艺术研究项目，主要包括微小冰晶的形态及其在南极气候中的作用。研究发现，微小冰晶在南极大陆周围的海冰年增长周期中起着重要的作用，有助于解释大陆周围的海冰是如何增长和衰退的。

该联合研究项目开始于一个艺术—科学联谊活动，旨在建立一个拥有更广泛领域的合作团队。利用人们对南极洲的迷恋和对气候科学的兴趣，以南极海

奥康纳拍摄南极海冰样品

洋变迁过程和南极气候变化为切入点，吸引了各个领域研究者的加入。通过跨学科参与和南极考察活动，该项目融入了艺术、教育以及科学的创意和想法。最终，各种南极海冰的微小冰晶形态通过艺术家精湛的摄影技术呈现在大众面前，从而吸引观察者的兴趣，达到科学传播南极海冰的效果。

美丽化学：科学家的艺术创作

美丽化学项目完美地诠释了科学与艺术的交融形式，中国科学技术大学副研究员梁琰将枯燥的化学公式和定律做成图片或视频，展示神奇绚烂的化学反应。观者为之震撼——化学原来如此美丽。

2014 年 9 月美丽化学网站上线，月点击量超 200 万。那些肉眼看来浑浊或变色的化学反应，在摄影机下微妙而惊艳。2015 年 4 月，由梁琰制作的原创数字科普项目《美丽化学》荣获 2014—2015 年度国际科学可视化竞赛视频类专家奖。

科学—艺术合作史

过去，艺术家经常参与科学研究，但当时的艺术家只是为了记录科学。詹姆斯·库克（James Cook）船长把画家威廉·霍奇斯（William Hodges）带到极地，成功地捕获了南极的美丽景观。

有时候科学家也可以同时是艺术家。最典型的例子就是列奥那多·达·芬奇（Leonardo da Vinci），他的一生有多种身份：画家、雕塑家、工程师、建筑师、物理学家、生物学家、哲学家，而且在每个学科里都登峰造极。物理学家李政道先生主张科学与艺术的交融，19 世纪 80 年代，他邀请艺术家特别是画家，通过画笔把一些物理学抽象的理论通过画笔表现出来。

过去，这些人是科学—艺术合作研究的探索者。然而在今天，科学—艺术的融合已经不足为奇了，科学研究的成果可以通过艺术的形式表达出来，让大众更容易去接受科学的进步。

科学传播的艺术化

科学与艺术的相互交融促进了科学传播的艺术化。科学家如何将研究成果讲授给大众，如何解释公众所不清楚的东西，这都需要更加艺术的方式呈现出来。在新西兰和澳大利亚，约有90%的人从事艺术，这为科学的传播发展提供了便利。

那么如何将科学研究成果通过艺术的形式传播给大众呢？例如，科普作品需要幽默、风趣的语言更能引起人们的兴趣。一些科技成果需要更多的艺术作品（电影或纪录片）来展示，启发观众的科学想象力，促进公众科学文化素养的提升。

很多事实证明，科学家都有一颗好奇心，许多有针对性的研究可能不会引起科学家的兴趣。然而艺术家不会因为目标性的研究而失去兴趣，他们通过艺术的形式记录研究的进展。我们期望新一代的科学家能够跨越科学—艺术的鸿沟，将科学与艺术完美地融合在一起。也许未来科学的进步可能是由于艺术与科学相互联系所产生的灵感。

基础科学研究诠释了科学之美

王雷 / 编译

基础科学研究指那些支持基本科学概念或疾病机制的研究。这个定义很枯燥，它使人想到平凡、无趣、简单的实验室工作。然而，这种情况很少见的，实验室工作每天都是不一样的。更重要的是，基础科学为研究工作提供了理论基础，对于抓住创新机会至关重要。

也许这应该被称为发现科学（discovery science）？因为科学家不可能总是看到基础研究的潜在应用价值。事实上，这些应用可能在科学家的一生中都不会出现，艾萨克·牛顿（Isaac Newton）肯定没有预料到他的万有引力定律会应用于现代的卫星技术。

科研经费匮乏的窘境

不幸的是，基础科学仍然是受资助的科学中最不吸引人的科学之一，特别是在澳大利亚。澳大利亚在全球创新指数（Global Innovation Index）排名中位列第 19 位，创新效率（innovation efficiency）——研究投入转化为商业产出占总研究投入的比例——排名第 73 位。如果国家卫生和医学研究理事会（National Health and Medical Research Council）的资助资金超过目前提交的 18%，那么澳大利亚的科学研究会做得更好。在这笔资金中，基础科学成果占的比例相对较少。

投资商业产出更明显和更直接的科学领域似乎比投资基础科学更加具有经济意义，然而市场逻辑不能运用到科学领域。一些最伟大的成就始于某个意外发现或者某些意想不到的结果，这就是科学之美。例如，胃溃疡的发现是通过一种名为幽门螺杆菌（Helicobacter pylori）的细菌，这是一次美丽的意外。澳大利亚诺贝尔奖获得者巴里·马歇尔（Barry Marshall）和罗宾·沃伦（Robin Warren）在实验室技术人员没及时丢弃的实验物品中，偶然发现了这种细菌的存在。

科研成就评判标准

科研经费不足和论文发表的压力扼杀了科学家进行研究的热情。一个科学家的价值明显地被量化了，他的论文数量以及这些论文被引用的次数变成了单一的判断标准。然而，技术技能、教学和指导能力、科研激情和实验严谨性并不包括在该指标中。

科学家和资助机构承认这些判断标准并不完善，但评分仍然相当重要，并且是决定科研经费分发、奖学金以及晋升教授的关键性因素。这样判断是不恰当的，一个发表多篇论文且其论文被多次引用，但是进行低水平研究的科学家并不一定是成功的科学家。另外一个问题是：科学杂志不愿意发表一些只有负面结果或微小发现的文章，而这又影响了研究人员的论文数量和被引用次数。

公众对科学的看法

科学报告的偏见也影响了公众。记者引用学术期刊的文章，变成吸引眼球的新闻头条，据媒体报道，阿尔茨海默病（Alzheimer's Disease）每月都有新的"治疗"报道。实际上，人类的阿尔茨海默病仍然不能够被完全治愈。

此外，如果一个实验因为没有积极的结果，论文不能被发表，那么其他研究人员可能会浪费时间、金钱和资源来重复这项工作。近年来，科学界已经意识到该问题的严重性，例如，《公共科学图书馆·综合》（*PLOS ONE*）杂志开始收集所有消极、无效和不确定的结果，并称之为科学实验的"缺失部分"。

令人欣慰的是，对于重大成果，发表研究论文不再是唯一的途径。但想要完善科研体制，仍然还有很长的路要走。

科学研究：一条孤独的路

科学研究是一条孤独的道路。澳大利亚塔斯马尼亚大学（University of Tasmania）神经科学家莱拉·兰多夫斯基（Lila Landowski）在塔斯马尼亚州首府霍巴特进行科学研究，她每星期工作大约 80 个小时，而且经常会更多。她一直在努力争取她所喜欢的事业，但似乎无休止的挫折让她心碎和沮丧。她对社交媒体感叹：

"作为科学家，如果能够以我们的激情和热情来评判我们的价值，那么我们会热衷于开发新的实验方法、提出挑战性的问题并努力掌握真正的科学技能。"

科学是如此美丽，但是如果你偏离了正确的方向，那么科学可能变得残酷、不可原谅。许多科学家努力奋斗是为了获得晋升机会、科研经费或者成为业内佼佼者。科学研究的实践和论文发表问题可能是令人愤怒的，特别是当你想要遵循的科研体制还没有完善的时候。尽管如此，我们不能放弃对基础科学研究的投入，只要坚持下去，很可能会有重大的科学发现。

时间旅行：一场科学家与文学家的对话

牟庆璇 / 编译

文学教授西蒙·约翰·詹姆斯（Simon John James）和物理学家理查德·鲍尔（Richard Bower）被邀请参与关于《时光机器》的展览，一起畅谈过去、未来以及那些引人入胜的文学作品。在他们的谈话中，揭示了各种各样的"时间旅行"的含义。在这里，他们讨论了如何将时间旅行在文学和科学术语中的含义进行统一。

西蒙·约翰·詹姆斯： 理查德，"时间旅行"对一个物理科学家来说意味着什么？

理查德·鲍尔： 时间旅行不仅是现代物理学的基础，也是每个人日常生活的基础。当人们看到星星时，并不是它们当时在发出光芒，而是它们过去的样子。这个时间延迟对于行星来说只有几分钟，但对于大多数夜空中的星星，却有几千年。在星系中，人们看到的由非常遥远的恒星所发出的淡淡的光芒，时间延迟可能有数百万或数十亿年之久。用世界上最先进的望远镜去观察光芒最微弱的星系，可以穿越时间回到过去，整个宇宙的历史在人们的眼前展开。

但这不是最令人满意的时间旅行。以这样的方式，人们只能作为遥远星球上的观察者去探视历史长河中的冰山一角。现代物理学面临的主要挑战之一是确定通过时间旅行是否有可能影响历史。

爱因斯坦相对论的一个重要概念是，物体存在于四维时空中的一条长线中，时间和空间是统一的。尽管所有的研究者都认可世界发展线同时连接两个事件，但他们可能还会有不同的看法，例如事件是否同时发生，或者发生在同一地点的不同时间，又或者地点和时间都不同。举个例子来讲，当一个人坐在桌旁吃午饭，然后工作一会，几个小时后回家。一个运动（非常）快速的观察者会看到这个人马不停蹄地吃午饭并立即起身回家。在爱因斯坦的理论中，时间和空间是混合在一起的，不能把它们区分考虑。因此，人们想到自己总是沿着 4D 世界线移动，以光速进入未来，这种感觉是美妙的。

是否有可能出现与爱因斯坦相对论相反的情况，人们穿越回到过去呢？从表面上看，答案是否定的。但是，早期的科学还说过人类不可能飞翔。也许科学家们灵感闪现，出现一些不寻常的想法，这种假设就变成现实了。

西蒙·约翰·詹姆斯： 科学家可以在奇幻小说找到很多灵感和奇特的想法。最有名的关于时间旅行的小说可能非《时间机器》莫属了。它是 1895 年由赫伯特·乔治·威尔斯（Herbert George Wells）编写，是人类第一次想象通过科技进行时间旅行。他的一些想象已经变成现实，例如，在人类发明出飞行器以前他就在小说中有关于电力飞行的描述。威尔斯的创新观念引导了许多现代时间旅行的小说，如《回到未来》（*Back to the Future*）和《神奇博士》（*Doctor*

Who）。

关于时间发展的故事多种多样。亚里士多德（Aristotle）曾说过，"一个好的故事有开始、高潮和结尾"，其实讲故事并不一定按照这个顺序。就算是希腊最古老的史诗——荷马（Homers）所著的《伊利亚特》（*Iliad*），也不是始于帕里斯（Paris）的审判，而是从特洛伊战争第九年的时候阿喀琉斯（Achilles）在他的帐篷里面怒吼开始讲起（怒吼发生在审判以后）。侦探小说一般也不会从谋杀开始描述，通常倾向于先发现被害人的尸体，然后故事的情节会随着侦探的推理正叙和倒叙同时展开。这就是叙事时序的时间自由。

理查德·鲍尔： 对于时间旅行的实际操作，文学作品中解除了其最主要的困难，也就是不需要真的去解决这个问题。虽然爱因斯坦的理论允许我们延伸和收缩时间，但事件的因果顺序保持不变。在您所讲的例子中，凶手谋杀受害者的经历在死亡之前会在他们眼前闪现，他们的生活经历肯定发生在死亡时刻之前。

举个例子来讲，在《终结者》（*The Terminator*）中，未来人类文明找到了主角所处世界线的循环方式，所以他可以及时回来拦截机器人和避免莎拉·寇娜（Sarah Connor）的死亡。在旋转黑洞的内部区域，时间和空间是混合的，这种情况就极有可能发生。但就我所知，目前没有一个人能够以这种方式从未来回到现在。也许循环的世界线切断了旧的未来，并衍生出一个新的未来，创造两个同时存在的平行世界。

从传统的角度来看，利用世界线循环的方式从未来回到现在的想法是完全错误的。但现代量子力学的解释表明，世界实际上可能存在许多平行的未来，它们不断分裂成为新的未来，但我们只能够意识到其中之一。从这个观点看，我们没必要对时间旅行有太大的恐惧。世界线的循环方式只是创造了可能存在的未来。

西蒙·约翰·詹姆斯： 文学工作者通常着迷于时间旅行的灵活性，它可以对不同类型的学术研究进行隐喻表达。考古学是很明显的例子。叙事性不仅是文学的特性，其他类型研究也会有这种属性。有人认为，人类的自我意识是由我们对逝去时光的生活经历进行总结而建立起来的。记忆和对未来的规划是一种"精神时间旅行"，这样我们便构成了自己的身份。

以查尔斯·狄更斯（Charles Dickens）的《圣诞颂歌》（*A Christmas Carol*）为例，守财奴斯克鲁奇（Scrooge）回到他记忆中的过去，并通过这样做他改变了生活方式，最后变成一个乐善好施的人。我们想想看，那个在《圣诞节何时到来》（*Christmas Yet to come*）中被轻视和忽略的吝啬鬼和在小说最后受人尊敬和爱戴的斯克鲁奇，他们也许就是在两个平行世界中的吧？

理查德·鲍尔：当然，文学作品给科学带来很多灵感，对科学理解也是很大的挑战。也许在未来，"平行世界"会被证实真的存在。

科学电影融合艺术精彩纷呈

王雷 / 编译

　　2017 年国际科学电影节（SCINEMA）于 6 月份在澳大利亚如期举行，其中囊括了来自世界各地电影制作人的科学特写、短片、纪录片、动画片以及实验作品。主办方和参与者期望本次科学电影节能够呈现出科学是一个宏伟的、鼓舞人心的这样一个主题。无论是大卫·阿滕伯勒（David Attenborough）编导的科学纪录片，还是诸如《星际穿越》（*Interstellar*）这样的科幻惊悚片，都集中体现了科学在电影里面的重要性。本次 SCINEMA 虽然带给人们的有激情和感动，但同时也是令人失望的。其中最值得注意的是：大部分电影描述的对待科学的态度是不明确的，而这关系到我们如何与世界接触，以及理解事物之间的彼此联系。

人类问题是焦点

　　本次科学电影节产生强烈反响的是一部关于水星 13（Mercury13）的电影，该故事通过埃夫里尔 E·拉塞尔（Avril E. Russell）编剧的电影《紫色平原》（*The Purple Plain*）呈现出来。《紫色平原》探讨了这样一个主题：女性航天员也许对于一个女人来说只是小小的一步，而对于整个人类来说是个巨大的飞跃。参加选拔的 13 名女性全部通过了男性进行的心理和身体检查，有些女性的测试结果甚至明显优于男性。在科学的大背景下，这个故事是吸引人的，因为它是关于人类探索和发展的故事。

　　爱因斯坦和罗森两兄弟的故事同样鼓舞人心，他们在研究引力场方程时提出了著名的爱因斯坦 – 罗森桥（Einstein–Rosen bridge）的概念（又称"虫洞"）。

奥尔加·奥索里奥（Olga Osorio）撰写、导演和制作的电影《爱因斯坦 – 罗森》（*Einstein–Rosen*）呈现了这个故事，这不仅是一部关于科学进步的电影，而且也是一部关于兄弟关系的故事片。

另一部电影着重突出了巴基斯坦穿山甲的困境：《危险中的穿山甲》（*Pangolins in Peril*）——一部关于珍稀动物的故事，由穆罕默德·阿里·伊亚兹（Muhammad Ali Ijaz）编剧和制作。该纪录片讲述了一种具有神话色彩的生物，带领两名野生动物的守卫，打击了邪恶的偷猎者，成功地保护了穿山甲。目前，穿山甲的偷猎行为和市场上的各种穿山甲制品令人不安，穿山甲商品的悲剧特别严重，这是由于人类的贪婪所导致的。而偷猎者完全不顾该物种所面临的濒危状态，这样只会导致穿山甲的快速绝迹。

女性科学家大放异彩

2017 年 SCINEMA 引人注目的八部电影中，有五部是由女性制作的，而且其内容也是关于女性的。通过由女性制作的科学电影，我们了解到：在加拿大安大略省乌龟保护中心（OntarioTurtle Conservation Centre），还有一位致力于海龟保护的苏·卡斯特斯（Sue Carstairs）博士。她治疗那些受伤的海龟，并温柔地将它们放回到野外，这对于她来说似乎是生活中的一件非常有意义的事情。

还有两位著名的女性科学家——伊朗裔美籍计算遗传学家帕迪斯·萨比蒂（Pardis Sabeti）和疾病生态学家莉娜·摩西（Lina Moses）——对于西非近期爆发的埃博拉病毒表达了她们自己的想法。由女编剧兼导演爱丽丝·韦德（Alice Wade）制作的《试管婴儿》（*Test Tube Babies*），为试管双胞胎做出了一个非正式的、温暖的视频解释。

一些科学电影并不一定像它们本来那样的真实，而且一些聪明的编剧可能会略作修改，从而达到更好的艺术效果。但总的来说，他们借鉴了科学故事中最鼓舞人心和最动人心弦的部分。如果你想更多的了解科学，那就去看看这些电影吧。如果你只是想进入电影院放松一下心情，同样也可以欣赏电影的艺术。

《加勒比海盗5》与科学的碰撞

杨岭楠 / 编译

加勒比海盗系列已经驰骋电影界很多年，很难想象，第一部上映已经是13年前了。第五部《加勒比海盗：死无对证》已登上了银幕，这部走的是第三部的路数——在震撼人心的场景中，回顾了前几部中的故事线索，上演了父子重逢的感情戏。

《死无对证》引出了经典人物杰克·斯派洛船长（Jack Sparrow, Jonny Depp 饰）的新宿敌——西班牙海军鬼船船长阿曼多·萨拉查（Armando Salazar, Javier Bardem 饰）。阿曼多并不是杰克船长的唯一仇敌，澳大利亚演员大卫·文翰（David Wenham）饰演的角色斯加菲尔德（Scarfield）也是其仇敌名单中的一位。

萨拉查率领一队鬼灵船员，打算消灭海上所有的海盗。杰克船长在聪慧坚毅的天文学家卡琳娜·史密斯（Carina Smyth, Kaya Scodelario 饰）的帮助下，争夺海神波塞冬（Poseidon）的魔器三叉戟，用来击败萨拉查。

海盗系列电影一贯将剧情设定在"海盗黄金时代"（1691 年—1723 年），将超自然荒诞主题和对现实的偏离结合起来。抛开娱乐因素，从科学的角度来看，研究人员分析了电影中的一些现象，验证电影制作者是否只考虑娱乐因素（也不难理解），还是也兼顾了现实因素。

海盗船"甩尾"绝技之破解

萨拉查对斯派洛恨之入骨也是可以理解的。在杰克的年轻时代，他捉弄了萨拉查，使萨拉查的船陷入绝境。杰克在海上演绎了一把"甩尾"，在绕过礁石转弯时，用绳索套住了就近一块露出海面的岩石，然后成功转弯，但萨拉查的船却来不及反应，遭到撞击。

在"甩尾"过程中，杰克的船向内倾斜。而实际在转弯时，船可以呈现不同的行进状态，这取决于很多因素，有一些船在转弯时向内倾斜，有一些则向外倾斜。

当船转弯时，离心力作用于船体。唯一与之抗衡的是水产生的反作用力。船

杰克船长的惊天甩尾

海上甩尾的演绎

体有重心，它与船的结构相对来说，处于同一位置，除非船内部的货物被移开。重心就是万有引力作用于船的位置。一艘船也有浮力中心，根据船身的倾斜来回移动。它代表了船体移动时海水水体的重心位置。

如果船身向外倾斜，水的反作用力在重心下方产生一条作用线，试图使船身朝逆时针方向扭转，使船身向外倾斜。浮力则与其方向相反，试图使船身朝顺时针方向扭转。

如果船身向内倾斜，水的反作用力会在重心上方产生一条作用线，它会使船身朝顺时针方向扭转，所以船向内倾斜，这样浮力可与之抗衡。这个道理比较浅显，部分原因则由于这是随着船向不同方向倾斜，浮力中心移动的动态过程。

在《死无对证》中，杰克扔出绳索，套住岩石，使船转弯。绳索套住的位置相当高，位于重心上方，对船产生拉力，因此时船可以绕着岩石转弯。这在科学上是行得通的。

打劫银行之破解

杰克想出了一个非常大胆的计划，将 12 匹马拴在银行内的一吨重的保险箱上，然后把保险箱拽出银行。然而计划失败，保险箱纹丝未动，马反而把整个银行拖离了小镇。

那么 12 匹马可以拉动一吨重的保险箱，甚至整个银行吗？研究人员起初认为一吨保险箱可以被拉动，但整栋银行恐怕很荒唐。但马确实很强劲，几对驮马的拉力甚至可以高达 50 吨。

实践可以证明，两匹马能拉动 5.4 吨重物。如果是 12 匹马拉动马路上的一座房子，离现实不会太远，还是有可能实现的。

旋转断头台之破解

在几大令人印象深刻的电影场景中，估计杰克上断头台那幕得算上一个。即将行刑之际，千钧一发之时，一发炮弹击中了断头台，然后出现了滑稽的一幕：正当断头台刀片离杰克的脖子越来越近时，又从杰克的脖子旁飞远了，因为整个断头台在空中旋转了起来。

如果你用绳子拴着东西旋转过，就会知道，如果旋转得够快，绳子是绷紧的。为了避免断头台砍下杰克的头，它的旋转速度必须够快，这样固定刀片的螺栓向外产生的加速度至少才能抵抗重力加速度。如果断头台高度是 4 米，半径是 r，可以得出转一圈的时间 T：

加速度 $= 4 \times \pi^2 \times r / T^2$

$T^2 = 4 \times \pi^2 \times r /$ 加速度

$T^2 = 4 \times \pi^2 \times 4 / 9.81$

$T = 4.012$ 秒

所以，断头台至少每 4 秒要转一整圈。在电影中，旋转速度比 4 秒还快，所以杰克获救还是可行的。

航海钟计算经度之破解

在海上航行时，天文学家卡琳娜使用了航海钟——18世纪应用时间较长的高精度计时器。精湛的航海技术要求对经度和纬度的掌握，航海钟是航海史上一项重大的技术进展。

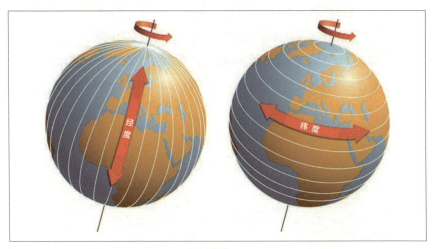

经度和纬度

纬度很容易获取，可以在正午（太阳位于最高点时）观察太阳的海拔高度。而在海上获取经度难度更大，要求结合星座和参照地区时间（比如英格兰格林威治时间）的知识，才可以得出。

航海钟使计时精准，也使水手航行效率更高，更可靠。在寻找经度测量方法的历史上，发生过很多精彩的故事。戴瓦·梭贝尔（Dava Sobel）以此为题，曾著有《寻找地球刻度的人》，并赢得了奖项。

《加勒比海盗5》能对几百年前的航海发展进行精确还原，不禁令人耳目一新，而且电影的处理非常科学，为其增色不少。

科学的答卷

电影本身趣点很多，其中不乏深具感染力的几个时刻，达到了近期上映的其他电影所未达到的效果。

德普（Johnny Depp）、拉什（Geoffrey Rush）和巴登（Javier Bardem）

一如既往地发挥出色。卡雅·斯考达里奥（Kaya Scodelario）也不错，虽然她时不时被剧本绊脚。

加勒比海盗系列像其他所有长篇系列电影一样，它的主要角色——不管是被复活还是被死去，其所建立起来的观众基础，比如熟悉程度和情感投入都使电影本身受益颇多。

电影不但有大量的动作戏，也涵盖了相当一部分科学知识。其中很多通过天文学家卡琳娜很直接清晰地体现出来，比如她重新校准了天文望远镜，或者使用航海钟计算经度。而在很多追逐和打斗戏中，也有很多间接地体现出来。从科学角度来说，电影交上了一份满意的答卷，可以作为业界同行参考的样板。

热点追踪

人类基因编辑报告：如何权衡风险和收益

柳丹 / 编译

CRISPR（clustered regulatory interspaced short palindromic repeats）是最近发现的一种新型基因组定点编辑技术。如果你听说过"CRISPR-基因编辑"，那么你一定知道，人类可以更有效、更快捷、更便宜地改变DNA。

这势必引发对基因治疗的激烈争论，它通过直接修改某人的DNA来纠正遗传性疾病，如镰状细胞贫血或血友病。你或许还听说过有意的基因增强，以提升健康的人的基因。

美国国家科学院和国家医学科学院2017年发布了一份有关基因编辑的综合性报告，解决了以上两个问题。

答案很简单。放轻松，这一切都无伤大雅，社会一直在循序渐进着。

一种可能性

所有的人类技术中，DNA重组无疑是最安全的，也给医学和农业带来了诸多益处。当病毒与细菌第一次混合时，当克隆被首次公布于众时，当干细胞技术不断发展时，人们往往惶惶不安，但事实却并不可怕。

基因编辑技术令人赞不绝口。如果你打了澳大利亚伊恩·弗雷泽（Ian Fraser）的"加德西"（Gardasil）疫苗，就能预防宫颈癌，这得益于DNA重组技术。

但是，你可能没有接受过体细胞基因治疗，它是针对一个细胞类型的基因改造，如有缺陷的血液细胞或肝细胞。因为这种疗法只涉及极少数人，全世界可能也不到1000人，对他们而言，基因编辑的好处远大于风险。

报告中引人注目的一点是对人类生殖细胞基因疗法的观点，因为它将会传递给孩子和孩子的孩子。这种基因疗法受到极大争议，但这次它很可能是治疗某种严重疾病的救命稻草。

某些领域的人对人类生殖细胞基因疗法是有顾虑的，尽管他们可能不是那些极个别为了自己未来的孩子而接受这种疗法的人。

作为世界上德高望重的专家之一，该报告的作者很理解大多数人会对生殖细胞基因治疗感到不适。他们强调要广泛征求意见，严格遵守准则，密切监察监管。

但在权衡安全性和有效性、社会和个人利益时，他们显然不想看到该禁令被执行，因为当面对技术可能带来的美好生活时，一些人的选择性可能会受限。

一方面，他们是对的。这项技术并不会对社会造成威胁。它也不是覆水难收，基因编辑可以实现逆转。当人们试图抑制它时，它不像魔法师学徒的扫把似地会繁殖和传播。

生殖细胞基因疗法只是为了拥有一个健康孩子的个人层面的选择，那些不愿接受疗法的人也不必被迫这样做。

除非孩子有发言权，但显然不可能。因为对他们而言，风险很可能大于收益。无论如何，父母已经为他们的孩子做出了决定性的选择，有时是为了他们孩子的孩子。

即使是那些为了孩子而寻求生殖细胞基因疗法的人也还有备选方案，如胚胎植入前的诊断，但它本身也存在伦理性考量。没有什么轻而易举的办法。

如此看来，报告的结论也不难理解，但也并不是说就没有风险。

很难被滥用

报告还有其他几个值得一提的方面。它证实了人们已经做了适当而规范的基因改造实验，也从先前的体细胞基因治疗中学到了很多，这将安全有效地推动研究体细胞治疗。

它还提到，应该避免实施基因增强。有证据表明，社会对不会生病的人感到别扭，无论他们是通过体细胞疗法来提升自己，抑或是通过生殖细胞基因增强来完善身体机能。

有些人可能会想要复制更多的 P53 肿瘤抑制基因，或是摘掉他们的 CCR5 基因，这都可以防止艾滋病病毒侵入细胞，避免孩子患上癌症或艾滋病，但着实并不值得冒这个风险。

除了道德层面的顾虑外，基因的复杂性和人类生殖所历经的漫长过程都意味着即使是最疯狂的世界领袖也不可能打造一支超级变种人军队。这样的雄心壮志指不定会被什么不知名的基因突变所误，更不用说把成千上万的代孕母亲组织起来，等待个 20 年，才能等到一支成熟的军队了。

会有人认为在某个地方尝试生殖细胞基因增强可能只是一个噱头。它不仅是错误而危险的，对孩子本身也有极大的风险。但这并不会比那些每天都发生的许多犯罪更能威胁到社会。

生殖细胞基因治疗在许多国家是非法的，但尽管有风险，不幸的"医疗旅游"在某个阶段还是在发生。

不紧不慢

这份报告写得非常好，表述准确、切合实际、权衡利弊、深思熟虑，涵盖了实验、体细胞疗法、生殖细胞疗法、基因增强和社会回应，还谈及了公众咨询和谨慎监管的必要性，娓娓道来。

令人担心的是，提升生殖细胞基因治疗的预期或关注基因重组话题，都会使人们偏离其他更为紧迫的问题。使用 CRISPR 技术可以消除快速繁殖的生物，如蚊子，并可能因此获益或受损。

将这一概念称之为一种可能性，可能会使更多人因关注基因治疗疗效而被吸引参加医疗旅游。这不仅令病人绝望，也愚弄了投资者。而与此同时，骗子则会从兜售的承诺中获利。

太高太快地提高期望可能最终将导致人们反对更为温和的科学。传统的基金组织或将屈服于压力而过早地资助转化研究，导致大量宝贵的公共资金的浪费。人们还会基于自身的政治立场或个人信仰排队支持或反对生殖细胞基因疗法，而不是依据对事实、风险和情境的理性研究。这并不是在杞人忧天，而只是作为一名科学家理应与社会公众分享所思所想罢了。

人类进化之路仍在继续

王雷 / 编译

人类进化通常被认为是一种古老现象，似乎只发生在数百万年前的人类祖先身上。然而，进化遗传学家发现，由于基因突变和自然选择，人类进化仍在继续。

简单的进化指的是基因突变（DNA 复制过程中基因发生的正常改变）。基因突变在人类中是偶然发生的，因为父母会将携带某些特定性状的基因遗传给后代。这些基因传递可能通过自然选择而发生，优势基因的携带者能够更好地生存、适应环境以及繁殖后代。从人类依靠两只脚直立行走到鸟类张开翅膀飞行，每一种生物的适应性最终都可以追溯到自然选择：一代代优势基因的遗传。

理论上那些携带劣势基因的个体生存时间更短，繁衍后代更少，但事实真的如此吗？例如，从前可能把视力不好视为人类的主要生存缺陷，然而，今天的科技发展使得个体可以通过戴眼镜和进行激光手术来改善视力，所以视力并未影响个体的生存和繁衍。那么，现代人类的基因突变和自然选择是怎样的呢？来自于哥伦比亚大学（Columbia University）的进化生物学家哈马赫莫奈什·穆斯塔法维（Hakhamanesh Mostafavi）及其同事对人类基因组演化过程进行了大规模的遗传学研究，他们分析了 21.5 万人的 DNA，试图查明人类基因组是如何进化的。

研究难点：人类进化周期长

进化涉及的是一代代生物体基因突变所产生微小性状变化的叠加，而且进化周期跨越的时间通常是几十到几百万年，所以直接研究进化根本无法想象。因此，有关人类的进化研究难度极大。为了直接观察遗传选择性，科学家需要测量一整代人以及他们后代的某个基因突变频率，这将是一个巨大的样本量。

19 世纪 60 年代进化生物学家理查德·莱温特（Richard Lewontin）指出，自然选择的属性需要大量的研究，而基因突变是否有利于生存，有益突变与性别和年龄是否相关，突变是否源于环境，这都需要数十万人的遗传和家谱系信息。

年龄组之间基因频率的研究

穆斯塔法维及其同事研究了来自加利福尼亚州约 6 万人的基因突变频率——成人健康与老龄化遗传流行病学研究（GERA）序列的一部分，以及来自英国生物信息库（U.K. Biobank.）约 15 万人的基因突变。他们测试了其中超过 800 万个常见的基因突变，发现了两种危及生命的基因突变随着年龄的增长而变得不那么普遍。一种是与阿尔茨海默症有密切联系的 APOE 基因突变，尤其在 70 岁以上的女性中很少出现；另一种是 CHRNA3 基因突变，与男性重度吸烟有关，该基因突变的携带者大多早逝。

如此大规模的研究为什么只发现了两种基因突变呢？一种可能性是，在人类有限的寿命中，其他危及生命的基因突变还没有出现。另一个有趣的可能性是自然选择的重要性，它可以防止危及生命的基因突变在群体中普遍存在。

基因突变组合危及人类生存

穆斯塔法维及其同事除了研究单个基因突变，还在对一系列相关基因组合进行研究，因为某些性状是一系列基因共同作用的结果。例如，他们已经确定了约700 种常见的基因突变均会影响人的身高。

相关研究发现，一些基因突变组合会对人的健康产生威胁，这些基因突变与哮喘、超重、高胆固醇风险有关，而这些基因突变组合出现的频率越低，人的寿命越长。令人惊讶的是，青春期和生育期延迟的相关基因突变在长寿人群中更流行。长寿和生育能力推迟之间的联系以前很早就被发现过，相关基因研究证据表明，人类生育和长寿之间也存在进化平衡。

穆斯塔法维及其同事的研究初衷是为了确定人类基因组的哪一部分可能正在进化。项目领导者穆斯塔法维指出，目前此项目只是初步研究了数百万基因组可以快速收集的内容，并结合相关的家谱系记录，初步揭示了人类越来越长寿的原因。在未来的工作中，他们不仅要研究人类寿命，还要研究人类子孙后代的数量以及世界各地的人口和环境。

人类探索外太空计划需要变革

牟庆璇 / 编译

《外太空条约》（*Outer Space Treaty*，OST）在 1967 年制定，它是为了规范不同国家探索和利用外太空资源而签订的条约。

在经历了 50 年之后，《外太空条约》面临着变革。在条约制定之初，其最主要的目的使外太空资源能够得到和平有序的使用。当和太空相关的技术发展速度远远超出那些最开始签订条约国家的承受范围时，可能就意味着这些活动会被搁置。

《外太空条约》的 50 年发展历程

50 年来，《外太空条约》在很大程度上考虑了"太空强国"和"太空弱国"之间的利益。在 1967 年，冷战中的两个超级大国——美国和苏联——都在研究洲际弹道导弹，这种导弹能够摧毁整座城市，毁灭所有居民的生命。在这样的背景下，《外太空条约》使得美国和苏联在太空的战略利益之间建立了微妙的平衡。同时，与个别国家的狭隘利益相比，《外太空条约》提高了整个人类在外太空的利益。美国总统林登·约翰逊（Lyndon Johnson）亲自出席条约签字仪式，并说道："这是人类历史上一个鼓舞人心的时刻。"

事实上，到目前为止，《外太空条约》确实成功地创造了一个和平的太空利用环境。它的规定不仅具有法律上的约束力，而且史无前例地加强了避免开展太空公开军事行动的政治动力。

《外太空条约》是以广泛的原则声明来表达的，例如，探索和利用外太空"将成为全人类的职责"，或提高更加性别开明时代的"人性"。这在地理政治背景下是必要的。在太空探索最初几十年中，广泛原则声明足以规范航天国家之间的关系，同时也使这些国家开展活动具有一定的灵活性。

随着太空探索越来越普遍，它的商业价值不断提高，广义原则声明仍有必要但不能够充分限制某些国家的行动。因此，人们需要对条约进行补充，而不是完全将其进行替换。

《外太空条约》需要变革

在高度紧张的全球战略背景下，国家之间相对独立，既得利益日益多样化，具有新的前景和法律约束力的协议（至少在短期内）似乎很遥远。即使是 1967 年就共同签订《外太空条约》而达成联合协议的国家，也因为现今大国及其盟友之间承诺的普遍性和目的的不确定性而可能破裂。某些观察家预言大国之间在太空问题上存在着"不可避免"的武装冲突。

那么，制定新的具有法律意义的协议，去补充《外太空条约》广泛原则声明的不足，以此满足未来50年全球太空管理的新需要，才是目前应该考虑的主要问题。

在未来几十年中，在声明保护甚至是提高和平利用外太空利益的最有代表性的人是下一代的年轻人。他们至少在道义上，或者说在法律上得到一定的授权，去督促各国认真考虑补充《外太空条约》。

2017年9月底，在澳大利亚阿德莱德市（Adelaide）举办了年度最大的太空会议——第68届国际宇航大会（InternationalAstronautical Congress，IAC）。近年来，在国际宇航大会举办之前会举行一次预热会议——太空时代会议（Space Generation Congress，SGC）。这个会议在举办初期是不同国家联名要求联合国启动的，目的在于代表下一代年轻人的利益来商讨和平利用外太空的事宜。

在2017年的太空时代会议上会有一群澳大利亚年轻人，他们带领来自全球各地的代表，为《外太空条约》提出和制定一套补充协议，以便使全球太空利用符合未来50年的需求。

存在的挑战

当前的和可预见的全球太空治理存在的问题错综复杂，制定出一套能够解决这些问题的方法并不容易。这群年轻人和科学家任重而道远。

史蒂芬·霍金（Stephen Hawking）最近表示，人类必须成为一个跨行星的物种，以应对地球上的气候变化，因为它可能会使地球环境越来越不适应人类生存。

气候变化不是唯一的威胁，小行星都可能会使人类灭绝，太阳生命周期中的任何常规变化，如太阳黑子、太阳耀斑等，都可能会严重破坏卫星和地面网络以及电子设备。这些变化都不是人类可以控制的，但是人造空间碎片却是完完全全来源于人类，它们可能会使宝贵的地球绕行轨道在数千年后无法使用。

那么谁应该为空间碎片负责呢？如何才能够清理空间碎片呢？谁有合法权

力代表整个地球的人类移居到别的星球？当人类移居到别的星球上时要遵循什么样的法律呢？

除了地球上已经存在的许多战争工具之外，如果国家之间继续发展太空战争技术，那么人类将会自取灭亡。但是，怎么样才能在不破坏"外太空展现在人类面前的伟大前景"的前提下管制"太空武器"呢？这也是全人类要面临的一个重大问题。

经济影响

全球航空业的产值已经超过 3300 亿美元，并创造了数十万个就业机会。在 2015 年，澳大利亚政府的财政报告中指出，航天业产生了 30 亿至 40 亿美元的收入。月球和小行星未来的商业开采价值可能在数万亿美元。

此外，小型卫星和小型发射器技术的不断完善将会使太空变得越来越平民化，每个人将来都可能去太空遨游一番。但是，人类找到分享外太空利益和维护外太空责任的方法了吗？

太空时代会议的工作组面临着制定新规则去补充《外太空条约》广泛原则规定的艰巨任务。他们代表着重要的利益相关者，应当以下一代的利益为考量，支持变革，使《外太空条约》适应未来 50 年的需要。

宇宙点金术：中子星碰撞

马明良 / 编译

数千年以来，人们一直对点石成金醉心不已。古代人们认为金子是最高级别的物质。随着人类知识的进步，人们渐渐揭开了点石成金的神秘面纱。然而，尽管人类的科学和技术取得了长足的发展，但金子的起源至今仍是个谜。

直到最近科学家终于明白宇宙是怎样生成金子的。科学家利用最先进的望远镜和探测器发现金子是在两颗星球碰撞的宇宙大火中产生的。科学家利用激光干涉引力波天文台（LIGO）监测到了这两颗星球碰撞发出的引力波。

元素的起源

科学家已经弄清楚元素周期表中的很多元素来自哪里。宇宙大爆炸产生了最轻也是最富足的元素——氢。星球发光将氢转化为更重的元素，比如碳和氧，碳和氧也是组成生命的重要元素。星球在其最后的时间里又生成了普通的金属元素，比如铝和铁，并将它们以不同形式的超新星爆发的方式散发到宇宙中。

几十年来科学家一直认为星球爆炸也是最重和最稀有的元素的起源方式，比如金。但是他们忽略了一个事实，这取决于大质量恒星死亡后留下的物质：中子星。中子星是质量为太阳 1.5 倍的星球被压缩成直径只有十几千米的球。在这个球的表面，一勺的物质将重达 1000 万吨。

宇宙中的许多星球都是双星，即两颗星球受重力牵引绕着彼此旋转，就像《星球大战》里卢克的"塔图因"（Tatooine）中可以看到两个落日一样。一对大质量恒星最终会寿终正寝而成为两颗中子星，然后中子星会绕着彼此旋转数亿年。但爱因斯坦说过它们的绕行并不能一直持续下去，最终它们会碰撞在一起。

大型碰撞，多重探测手段

2017 年 8 月 17 日清晨，太空的一阵涟漪经过了地球。LIGO 和 Virgo 引力波探测器探测到了这一异常。这一异常是由一对城市大小的中子星以 1/3 光速的速度发生碰撞造成的。这次碰撞释放的能量超过了地球上任何一颗原子弹爆炸的能量。

听到碰撞的消息，全世界的天文学家都立即行动起来。大大小小的望远镜全都聚焦于引力波传来的那片天空。12 个小时后，三台望远镜发现了一颗全新的星球，该星球被命名为 kilonova。它位于名为 NGC 4993 的星系，距离地球约 1.3 亿光年。

天文学家捕捉到了中子星碰撞引起的能量释放，因而他们将世界上最大、最好的望远镜都聚焦这一新的星球以观测碰撞后的可见光和红外光。在智利，科学家们将望远镜投向 kilonova，NASA 也将哈勃望远镜聚焦于这一区域。

正如篝火的余烬会变暗变冷一样，这场宇宙大火燃烧之后也迅速地变暗。几天内可见光就变暗了，只留下一串温和的红外线，最终红外线也消失了。

观察宇宙炼造金子

但在这慢慢变暗的光芒中就隐藏着一直以来人们梦寐以求的答案——金子是怎样产生的。

让阳光透过棱镜，我们能看到阳光的光谱，像彩虹一样的颜色，从短波的蓝光到长波的红光。这是组成太阳的元素所留下的不同的印记。每一个元素在光谱中留下了独特的印记，这反映了它们不同的原子结构。

Kilonova 的光谱包含宇宙中最重元素的印记。它发出的光表明中子星的物质变成了铝、金和其他一些所谓的"r 过程元素"。

这也是人类第一次见到正在进行中的点金术，宇宙将物质转换成了金子。这次碰撞至少生成了地球质量 10 倍的金子。或许此刻你还穿戴着一些金首饰，好好看看它们吧。它们是在数十亿年前银河系里的中子星碰撞（就像 8 月 17 日的中子星碰撞一样）产生的原子大火中生成的。

在这次碰撞中生成的金子会怎么样呢？它们会飘散到宇宙中去，夹杂着它们本星系的灰尘和气体。或许有一天它们会成为某个新星球的一部分，也许这个星球的居民将会花费上千年时间来弄清这些金子的起源。

朱诺揭开了木星的神秘面纱

李麟辉 / 编译

朱诺探测器（Juno）传回的最新观察结果正在帮助天文学家以前所未有的细节揭示木星表面的自然环境，其中的许多发现都是之前始料未及的。

从 2016 年 7 月开始，朱诺用 53 天的时间环绕这颗太阳系最大的行星飞行。由于航天器会从包围木星的强辐射区域穿入和穿出，所以它能够非常清楚地观察到木星的两极。2017 年 5 月底，《科学》杂志发表了 2 篇基于朱诺的第一次观察结果的文章。这些文章展现了全新的木星内部结构以及木星大气层和磁层的状况。当然，来自朱诺的观察结果并不是帮助人们了解木星的唯一途径，有科学家使用位于美国夏威夷莫纳克亚山的地面望远镜同步观测木星，同样有助于对木星的研究。

木星表面的大气层

朱诺曾经多次飞过木星的极地区域，并拍下了其表面令人难以想象的气旋图片，这些气旋中有一些几乎和地球一样巨大。

木星的赤道地区可见带状结构，而在这些照片上的极地区域却未发现。在木星的南极区域也不存在像卡西尼探测器在土星北极的大气层中观察到的六边形或中心涡流。在木星两极之上，似乎还存在着成分未知的高空薄云雾层。

朱诺的辐射探测器能够探测到之前从未探测到的 350 千米的大气层深度。这已经深入到了我们通常在可见光照片中看到的冷冻氨云以下，那里的大气压比地球表面大气压高 240 倍。

自从旅行者号飞船第一次观测到木星大气的成分和构造以来，天文学家已经对木星的天气系统进行了大量和有效的研究。但是与朱诺最新的观测结果相比，之前的最深入的大气测量结果仍旧是很粗浅的。

之前只在木星的某一个特定区域，对 100 千米深度的大气层进行研究。那是在 1995 年，伽利略号探测器下降到了被称为"热点"的区域——发出强烈的红外光的氨云之中。伽利略号的探测器出人意料地发现，在这个区域没有任何的水蒸气云，而并不是如之前人们预测的那样。

现在，朱诺的辐射探测器第一次实现了对木星深层大气的探测，发回的图像中展示出带状图案一直延伸至云层顶端以下。

对于木星表层大气的氨含量的测量显示，其与地球表面大气层有相似的哈德里环流圈

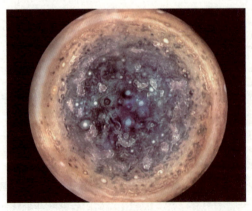

朱诺在距离木星表面 52000 千米高度拍摄的木星南极照片。椭圆形的图像就是气旋，其直径可达 1000 千米。

活动。在地球的哈德里环流圈中，热空气在赤道地区上升，向极地方向移动，之后逐渐冷却，在温热带地区下降，在地表附近回流到赤道，形成闭合环流。

朱诺任务的目标之一就是测量木星大气层中的水含量，这有助于科学家们理解太阳系的形成。至今为止，朱诺已经确认，木星表面大气层中的确是有湿度低于 10% 的非常干燥的"热点"。

木星的磁层

自从 20 世纪 50 年代发现了木星会发射强大的无线电波以来（这意味着在木星周围存在磁场），每个新的太空任务都会逐渐对复杂的木星磁层结构的细节进行补充。朱诺任务的目标就在于以前所未有的方式增加人们对于磁场产生过程的了解，并且更细致地补充木星磁层的细节。

木星的磁层和大气层之间相互作用的最壮观的结果就是极光，这与地球的南极或北极的极光十分类似。朱诺探测器上的 JADE、JEDI 和 Waves 仪器被用来测量在木星极地区域下降并且撞入大气层的粒子的能量，其中主要是氢气发出的能量，也就是我们看到极光的原因。这些光的紫外和红外光谱能够使得我们可以测量木星大气层的顶层是如何升温和冷却的，并且可以了解木星磁层的动力学。

那么，我们为什么要注意磁层呢？行星的磁层就像一个保护罩，它保护行星使其免受外太空对生命有害的宇宙射线的影响。只有具有磁场的行星才具有磁层，幸运的是，地球是有磁场的。但是在太阳系里，除了地球只有巨行星才具有同样可观的磁层。朱诺在距离木星前所未有的近距离上测量木星的磁层，测量结果与之前所用的模型预测的结果是完全不同的。观测到的磁层比之前预测的强度要强得多，并且其空间的差异也更大。因为磁场是在行星核中通过发电过程形成的，上述观测结果表明形成磁场的区域实际上比之前预测的大得多。反过来说，如果将这些测量结果与朱诺对木星的引力场的测量结果结合起来看的话，之前对于行星核的设想就必须修正。例如，教科书中关于十分紧凑的金属氢核的描述就与朱诺的观测结果不一致。金属氢核的半径可能有木星半径一半那么大。

地球观测与朱诺的结合

在朱诺探测器接近木星、对木星的气候、磁场和引力做出极限观测的同时，地球上的巨型望远镜也在对这个巨行星的影像和光谱进行着观测，以支持这项任务。虽然这种观测的分辨率不能与朱诺发回的图片相提并论，但是地面望远镜可以观测到整个木星。

在 2017 年 5 月 19 日朱诺第 6 次接近木星的时候，科学家在地球上也利用夏威夷莫纳克亚山的望远镜对木星进行了观测。美国夏威夷双子座望远镜上的高分辨率红外光谱仪记录了木星两极的极光，昴星望远镜则拍摄了相同区域的红外图像。

朱诺独特的轨道使得其可以拍摄到之前未曾拍到的图像。它的探测器也比之前造访木星的飞船的探测器要好得多。这次任务的最初结果已经指明了未来的研究方向，或者至少对木星大气层、内部结构和磁场的模型的调整。同时，对于太阳系最大的巨行星的研究会有助于人类了解在其他恒星周围的与其相似但是温度更高的行星。

人工智能

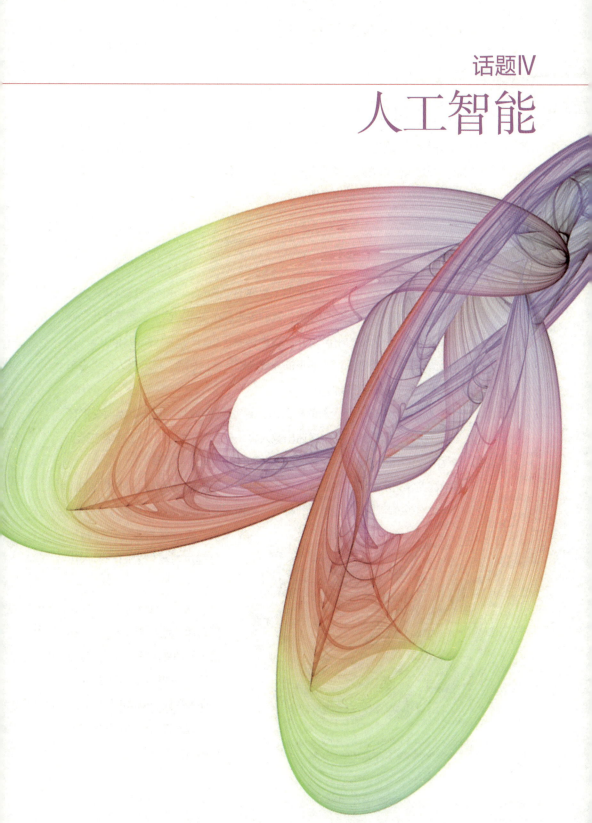

人工智能时代人类生存指南

黄森 / 编译

    人工智能革命进行得如火如荼，未来机器人是否会让人类上天无路、入地无门？倘若银幕上的故事成为现实，未来统治世界的，到底是人，还是人工智能？机器人是否会奴役和消灭人类？未来不好预测，但未雨绸缪绝对有益无害，来看看这份人工智能时代生存指南手册。

第一步：知己知彼，百战不殆

    兵法有云，冲突的第一步便是全面了解你的"敌人"。首先你得承认，人工智能已经"兵临城下"。更确切地说，我们每天都在使用它。人工智能是社交网站脸书时间轴（脸书个人页面排版方式）页面排名背后的"黑手"，使得 Netflix（在线影片租赁提供商）能够知道接下来推荐哪部影片给网民看，以及当人们坐进车里时，谷歌便能够预测目的地。

    其实人工智能并非一个全新的概念，它诞生于 1956 年的夏天。当时一群怀揣梦想的先驱者齐聚一堂，梦想建造出像人类一样聪明的机器。人工智能应运而生，并逐渐分化出机器学习、计算机视觉、语音处理等诸多学科。

    目前深度学习所利用的主要技术是人工神经网络技术。受人类大脑模型的启发，这些数学系统基于被试验对象的特征，将输入模型映射到输出模型。举例来说，在计算机视觉中，特征是提供对象信息的一系列像素图案。

    通常，监督式学习要求计算机通过对人类标记的大数据集进行训练，来"学习"这些数据之间的相互关系及规律。前期根据猫的视频进行区分的人工智能研究现已扩展到智能车辆驾驶等应用中。

在计算机视觉中，特征作为图像的一部分，用于区分对象。例如，鼻子、耳朵和尾巴可以作为特征来区分图中的对象是一只猫。

第二步：人工"智能"在哪里

掌握了这些知识，我们便能掌握哪里最需要人工智能。看看你的四周，注意那些需要处理大量数据才能完成的工作，例如，通过公众在百度上的点击模式来了解公众的需求，这样的大数据处理工作就需要人工智能来完成。

从本质上来讲，人工智能擅长于需要大量、重复处理的工作。如果这听起来很像你的工作，你可能需要考虑一下自己的生计了。

为了评估你工作的"人工智能可替代风险"，你可以在下面网站中输入你的工作，来看看你的"风险指数"：

http://www.bbc.com/news/technology–34066941

第三步：如何应对人工智能

正如历史上的每一项巨大变革，人们对像人工智能这样的新技术都心存恐惧。其实，目前只是缺少相应的"游戏规则"。人工智能将逐渐成为现代社会的一部分，人类理应寻求与其进行充分合作。人工智能具有在人类能力不足的领域协助工作的巨大潜力。有些科技公司已经开始使用人工智能帮助临床医生进行医疗诊断、为用户量身定制个性化客户体验、创建降低环境成本的农业方法等。有些机构甚至将这种关系进一步发展，创造出融合人类大脑和人工智能的集成系统。

最终，人类与人工智能应是亲密的伙伴关系。如果你能力足够，便会发现人工智能不仅允许你生存，而且会让你的生活更加美好。

人工智能将让我们更擅长辩论

马明良 / 编译

辩论，向别人表达我们理性思考的能力是人类独有的特征之一。

论证与辩论构成了文明社会、人类精神世界的基石。辩论过程也广泛应用于政府治理、科学研究、宗教信仰中。随着人工智能的发展，我们是否应担心人工智能使电脑也拥有辩论的能力从而超越人类呢？

科技改变了我们的生活，我们正在适应全新的工作和交往方式。千禧一代只知道互联网。政府和法官也意识到了科技在促进公民参与民主与法治方面可发挥的巨大潜力，一些政客也认识到了社交媒体在选举中能发挥的巨大作用。然而，更深层的挑战依然存在。

其中一个挑战便是 Upworthy 网站 CEO 伊莱·帕里泽（Eli Pariser）在一次 TED 演讲中讲到的"过滤气泡"，也就是说你在谷歌搜索某个关键词所看到的东西与别人搜索同一关键词看到的内容并不完全一样。像福克斯新闻、英国广播公司这样的媒体也在通过 ID、登录账号等进行个性化的内容推送。这样的后果便是我们可能越来越局限于与自己观点相似的思想，因而我们的论点会变得片面、不均衡，并排斥其他的角度。

为何批判性思维如此重要

另一个问题是虽然现在新闻和信息的数量很多，但它们的可信度却在下降，关于"假新闻"的指责与反指责比比皆是。

面对这些挑战，批判性思维的能力显得比以往任何时候都更加重要了。具体来说，批判性思维就是迅速高效地评估证据，走出自己的思维定式，从其他角度来思考问题，整合信息，将不同的观点整合到一起，最后得出合理结论的能力。批判性思维能力是自从亚里士多德以来人类哲学研究的重要命题之一。

英国邓迪大学的辩论科技中心(ARG-tech)正在综合运用哲学、语言学、心理学的理论来探究人类是怎样辩论、怎样反驳、怎样达成一致意见的，并将这些发现应用于研发能够识别、模仿、教学甚至参与人类辩论过程的人工智能工具。

这项研究面临的一大挑战是如何获得足够多的数据。人工智能技术比如深度学习需要大量精心挑选的样本，这样才能建构起精确的算法。

但是获得这些数据并不容易，通常一个专业的数据分析师要花几个小时的时间才能梳理出一段几分钟话语中的辩论方式和技巧。

十多年前，邓迪大学辩论科技中心将英国广播公司 Radio 4 频道的 Moral Maze 节目作为辩论的黄金标准来研究。这个辩论节目选题热门，辩论严谨。这些数据非常珍贵，它们将一项基于实证的研究转化成了辩论科技。

辩论科技

研究人员将哲学理论、大规模的数据基础等投入实验，2017年10月，他们与英国广播公司宗教和伦理部合作实验了两种不同类型的辩论科技。

第一种是一系列"分析型"的。他们首先创建了一个庞大的 Moral Maze 辩论节目的数据映射，比较了成千上万条个人发言以及这些发言内容间的关联。然后他们将每一条映射都转化为信息图表，再利用类似于谷歌网页排名的算法判断核心主旨。这样研究者就能自动甄别出辩论中最核心的问题、辩论者的立场，以及何时双方的矛盾达到峰值、双方的立场是否站得住脚等。

他们的研究结果出现在 bbc.org.tech 的网站上，它首次向人们展示了一种基于证据的对辩论过程的理解方式。

第二种类型是一种称为"辩论家"的工具，它能让你成为 Moral Maze 节目的主持人并且按照你自己的意愿来主持这一档辩论节目。你可以通过这一工具来操控每位参与者的发言，然后按照你自己的意愿组织一个好的辩论。

这两种类型都旨在提供一种关于辩论的新观点，并促进更高质的辩论。一方面，这些研究通过比较辩论数据可以综合出提高辩论的技巧；另一方面这也是直接教授辩论技巧的一个机会。英国广播公司网站就有一个"测试你的辩论技巧"的栏目利用 Moral Maze 节目中的一些例子来测试参与者的辩论技巧，并且还可以让参与者与电脑进行辩论对抗。

团队协作

当然，发展辩论科技的最终目标并不是要研发出一款可以在辩论中胜过人类的机器。更重要的是应用人工智能软件助力人类讨论的潜能——识别辩论的类型、批判这些辩论、提供新的视角和思路、探究原因等都在人工智能软件的能力范围内。

发展辩论科技的真正价值在于组建由人类和计算机组成的辩论团队，他们通力合作共同应对从情报分析到商业管理方面的复杂、紧迫的问题。

这样人与机器合作的团队和方式将颠覆我们对人与人工智能交互方式的看法，这样的团队协作也有望能转化和提升我们的集体智慧。

人工智能需要道德准则

牟庆璇 / 编译

最近，京东宣布拿到了陕西全境无人机空域的书面批文，这意味着无人机送货的时代即将到来。在人工智能时代来临之际，应当审慎审察人工智能的伦理尺度，使人工智能不仅免于扮演人类宰制者乃至文明终结者的魔咒，更能以其超卓而与人性合一的普遍智能推进人的自由与全面发展，共同创建文明有序的和谐社会。

伦理一般是指一系列指导行为的观念，是从概念角度上对道德现象的哲学思考。它不仅包含着对人与人、人与社会和人与自然之间关系处理中的行为规范，而且也深刻地蕴涵着依照一定原则来规范行为的深刻道理。

近日，100 多名行业精英发表了一份给联合国的公开信，主要内容是关于危险系数极高的人工智能武器，或者说是"机器人杀手"。这些人中包括世界著名企业家伊隆·马斯克（Elon Musk）和几家机器人公司的创始人。从 2015 年开始，他们就给联合国发送公开信，最初的目的是结束军备竞赛。在此次公开信中他们称人工智能武器为"继火药和核武器之后的第三次革命"。

对人工智能和自主系统的研究，联合国理应有所作为。但从未来发展的角度来讲，实验室应起到主要的作用。在培养人工智能研究人员时，道德观念和程序编码一样重要。

人工智能的自主性

自主系统在没有人类输入指令的情况下，可以自己做出决定，这大大增加了机器人和类似设备的实用性。例如，交付无人机（Delivery Drone）只需要确定送货地址，就可以自行规划最佳路线，克服在途中遇到的任何障碍，如恶劣天气或一群路过的海鸥等。

研究人员已经花费了大量时间和精力研究自主系统，目前亚马逊（Amazon）等公司正致力于开发交付无人机。显然，相同的技术可以很容易地应用到各个行业，而不是仅仅用来运输食品或书籍。

无人机越来越小，越来越耐用，成本也越来越低。这意味着生产和部署数以千计的无人机飞行部队是可行的。正是部署自主系统武器的可能性，促成了发给联合国的这封公开信，目的是希望"寻求一种避免人工智能武器所带来的危险的方式"。

自主系统需要道德准则

且不论自主系统武器的危险性如何，先来谈一谈人工智能研究中的伦理问题。在大多数科学领域中，如果要对世界知识做出突出贡献，研究人员一般需要侧重于某一特定主题。但是他们通常在相对狭窄的领域内是专家，对于道德准则或道德推理，却缺少相应的规范。

道德准则越来越受到人们的重视。例如，测试中的无人驾驶汽车需要能够对潜在的危险情况做出判断。当一只猫突然穿过马路时，它应该如何反应？是应该不管猫的死活继续前行呢，还是要急转弯以免对猫或者车上的乘客造成伤害？

当然，这种情况谁都不希望发生，但是在设计无人驾驶汽车时需要设计一些具体的原则来指导其决策。正如维吉尼亚·迪格纳穆（Virginia Dignum）在墨西哥举行的国际人工智能联合会议（InternationalJoint Conference on Artificial Intelligence, IJCAI）上发表"自主系统需要责任感"（Responsible Autonomy）演讲时所说："无人驾驶汽车需要道德准则，这件事应当由谁来做呢？"

在纳温·孙达尔·戈文达拉朱鲁（Naveen Sundar Govindarajulu）和塞尔默·布林斯约尔德（Selmer Bringsjord）的论文《自主系统的双重效应》（*Automating the Doctrine of Double Effect*）中也对类似主题进行了探讨。双重效应原则是对特定情况下的自卫权等道德问题的一种推理方式，在 13 世纪被天主教学者托马斯·阿奎那（Thomas Aquinas）记载并流传至今。

双重效应的名称来源于处理道德问题过程中会获得好的效果（例如拯救某人的生命）以及不良影响（在过程中伤害他人）。它可以为无人驾驶汽车在道路行进过程中出现的问题提供一种道德准则。

对教育的意义

伦理问题俨然成为人工智能研究的一个主题，那么当人工智能产品越来越普及时，教育体系也要顺应时代发展做出改变。

当今社会最需要的人才是"T型"人才。公司在招聘新员工时，不仅是寻找在特定领域有深入研究的人才（T的垂直笔画），还需要具有良好的专业技能和个人素养（T的水平笔画）。总的来讲，"T型"人才能够从多种角度看待问题，并能够有效地适应多元化团队。

大多数计算机科学和类似学科的本科课程包括职业道德和实践课程，这些通常侧重于知识产权、版权、专利和隐私问题等。但这些在处理人工智能问题上是远远不够的。在国际人工智能联合会议上，科学家们的讨论重点是关于"现在越来越需要更广泛的道德问题的补充材料"。这些补充材料的主题可以包括确定两个错误行为中影响较小的方法、明确法律概念如过失犯罪以及技术对社会的历史影响等。

最关键的一点是使毕业生从一开始就能够将道德问题和社会观点融入他们的工作。当然，还需要进一步研究确定如何将道德问题纳入教育体制。

随着人工智能越来越深入日常生活，研究人员必须明确他们的发明对所处的社会可能带来的影响。伦理问题是科学研究的附加问题，为了科研的顺利展开，为了社会安全和人类利益，伦理问题已经是一个科学工作者必须考虑的问题。

机器人是否应有"人权"

李立 / 编译

科幻小说中常见高度智能的机器人，它们能自主做出选择，表达自己的个性。然而在日常生活中，人们却将机器人视为一项财产，毫无"人权"可言。

假设机器人可以自主思考、决策、行动，甚至对自己的行为负责，我们是否可以停止将其视为一项财产，赋予机器人更多"人权"？倘若机器人真的实现了自我意识，它们应否享有和人类一样的权利和法律保护？

目前欧洲议会法律事务委员会已针对以上问题展开讨论，在 2016 年推出的一份草案中，专家呼吁制定机器人相关条例，以规范人工智能的制造、使用、自主权及对社会的影响，并借此推出了"电子人"的法律概念。

机器人的"人格"

报告指出，机器人的自主和认知能力足以证明它们不是简单的工具，常规合同和侵权责任法也不再适用。

目前欧盟有关机器人的损害责任制度仅涵盖由制造缺陷引起的可预见伤害，在此种情况下，将由机器人制造商肩负全责。然而，若机器人以一种不可预测的方式进行自主学习并适应周围环境时，制造商也难以预见机器人可能造成的伤害。

该草案还提出是否应将复杂的机器人定义为自然人、法人（如公司），抑或物品这一问题，从而推出了"电子人"的概念。

与此同时，草案也不主张立即采取立法行动，而是建议在机器人变得更加智能的情况下更新立法。如果机器人发展出更多复杂行为，机器人"创造者"的责任或将相对减轻，一种强制性的"无过失"责任保险将代为处理。

那么推出"电子人"概念的意义到底何在？首先，要想完全赶超人类智慧，人工智能机器依然有很长的路要走。但不可否认的是，机器人及其控制软件已变得越来越复杂，自主化机器人也开始普及。

如今人们已开始广泛讨论无人驾驶汽车的法律责任，以及是否可以起诉机器人医生等。若机器人故障由制造商引起，问题就不难处理，但如果责任方无法轻易判断呢？如机器人车辆自主控制了开源软件等。当世界各地有数百万的"创造者"时，责任该从何追究？

人工智能的发展极其迅速。现代计算机之父阿兰·图灵（Alan Turing）推出了一个测试：如果一个计算机通过与人类对话，让人类误以为该计算机是人类，那该机器人则被认定为是"智能的"。目前已有机器即将通过该测试。

人工智能还在多个领域取得了令人难以置信的成功。如 MIT 的人工智能以非常可信的方式将声音合成到视频；有些计算机制做出的音轨和真实的声音真假难辨；有的机器人可以击败人机识别系统，模仿人的笔迹，甚至击败世界顶级的扑克玩家。

或许某一天，机器人能够掌握人类的认知能力，变得越来越像人类，甚至可以"感知"疼痛，机器人拥有自我意识也不再是幻想。

欧盟是第一个正式考虑这些问题的地区，其他国家也正积极参与其中。北京大学的翁岳暄指出，日韩方面期望在 2030 年实现人机共存。日本制定了一系列机器人指南，来处理下一代机器人的业务和安全问题。

"电子人"

那么机器人到底应该拥有怎样的法律地位？如果机器人可以像人类一样行事，那我们可以以将其视为法律主体，而不是法律对象来处理。一方面法律主体拥有权利和义务，这就等于赋予它们以合法的"人格"。机器人也无需拥有真身，就如同一个公司也可以被认定为法律主体一样。另一方面，法律对象虽有经济价值，但无权利或义务。

为无生命的对象或软件程序分配权限和职责，看似奇怪，但在多方合作的过程中，虚拟法律实体的权利和义务已悄然生成。

机器人权益也可以效仿公司的法律程序。当机器人（或软件程序）足够复杂或是达到一定标准，便可被授予类似公司的权利。这将使得机器人能够独立于其制造者进行合法工作、纳税，且拥有资产和起诉或被起诉的权利。机器人的创造者则类似公司的董事，对机器人及机器人交互活动负责。

但与公司不同的是，有些机器人因为拥有一个具体的实体，可以被视为合法法律对象。因此，"电子人"更多的是法律主体和法律对象的组合。

无论结果如何，重新思考机器人权益势在必行，且该项工作急需法律、计算机科学及保险工作的高度合作。

授予机器人公民身份为时过早

刘速杰 / 编译

不久之前，沙特阿拉伯王国授予机器人索菲亚该国公民身份。而在这个消息公布之前，沙特就已承诺将投入 5000 亿美元，打造一个由机器人和可再生能源推动的全新的城市。

身为人类，成为一国公民并享有随公民身份而来的一系列权益是莫大的荣耀，而眼下这种荣耀被授予了一个机器人。一位在人工智能与自主系统领域具有丰富科研经验的教授表示：他所从事的工作是设法让这些机器和系统更值得信赖，但他并不觉得人类社会已经做好了接纳机器人公民的准备。

赋予机器人公民身份，象征着对相关技术的高度信赖，然而，该教授认为人类尚未做好应对机器人公民所带来的社会和道德疑虑。

索菲亚是何方神圣

索菲亚是香港汉森机器人技术公司研发的产品。她具有一张可以表情达意的女性面孔，会说英语，能讲笑话，还能够与人进行有意义的对话。她的创造者是2007毕业于德克萨斯大学的大卫·汉森博士。

索菲亚这个名字很容易让人联想到1986年上映的电影《霹雳五号》中第一个拿到美国公民身份的机器人。但是，霹雳五号仅仅是一个构想，是由科幻喜剧小说家威尔森和布伦特·马多克想象出来的！

不知这两位编剧能否想象得到他们的剧本在大约30年后变成了现实呢？

赋予索菲亚公民身份的风险

现在，公民——国家给予其人民最崇高的一种身份特征——这个身份正面临威胁。有研究人员表示，科学家打造的自主系统必须能够值得信赖，但目前的技术尚未成熟。

在机器人能够真正获得人类信赖之前，依然有许多挑战需要克服。举例来说，目前仍缺乏一个可靠的机制去确保这些智能系统遵循人类的道德规范行事，或是能够保证机器人不做出引发人类浩劫的举动。

现在赋予机器人索菲亚公民身份是一个轻率的决定，我们需要考虑下面三种问题。

首先是身份定位的问题。我们每个人都拥有独特的身份标记，用以与其他人区分开来。当在机场快速通关时，我们并不需要与工作人员进行过多的交流，脸部影像、虹膜以及指纹等信息可以实现自动辨识。

索菲亚的身份识别从何而来呢？她的物理地址？一个条形码？她皮肤的一

个特殊标记？还是她讲话时的声音特征呢？或者又是类似人类脑电波的电磁信号呢？

虽然通过这些措施或者其他的一些技术手段来对索菲亚进行身份识别都是可行的，但是这些方法都没有体现索菲亚的个体特性——它们不过是在硬件层面上建立区分度。那索菲亚的个体特性又体现在哪儿呢？

个体身份是一个多维的概念，是由我们的生物特性、认知意识以及我们所有的经验、文化与环境背景所共同定义出来的。就此而论，索菲亚的身份定位非常模糊。

其次是法律权利的问题。假设索菲亚获得了公民的投票权。那么在选举的那一天，做出投票给谁这一决定的人，到底是索菲亚，还是打造她的机器人公司呢？

如果说索菲亚是独立于机器人公司以外的法律个体，那么索菲亚似乎也应该像其他人一样缴纳收入所得税吧。同时，索菲亚也应该像其他公民一样享有受法律平等保护的权利。

再比如一名警察看到索菲亚和另一名女子同时受到攻击，警察只有能力保护其中一个人，那么他该去救谁呢？如果警察因发现索菲亚"坐在轮椅上"且毫无自卫能力而决定去救她而放弃了另一名女子，这样又是否正确呢？

目前，人工智能学界仍处于讨论人工智能技术的设计和使用规范的阶段，法律问题根本就还没有机会触及。

包括了 23 条准则的阿西洛马人工智能原则就涉及故障透明性原则（如果一个人工智能系统造成了损害，那么造成损害的原因要能被确定）、价值归属原则（高度自主的人工智能系统的设计，要确保他们的目标和行为在整个运行中与人类的价值观相一致）以及递归自我改善原则（被设计成能够以一种快速提升质量和数量的方式进行递归自我升级或自我复制的人工智能系统，这种方式必须受制于严格的安全和控制标准）等。

最后还有社会权利的问题。作为一个公民，索菲亚拥有与人类类似情感反应，如果她自己有意愿"结婚"或"生子"的话，可以被允许吗？来自美国州立大学的学生已经开始尝试打造一个借助 3D 打印技术进行自我繁殖的机器人。

如果世界上有越来越多的机器人像索菲亚一样成为各国公民，或许他们就会要求自身繁衍的权利，繁衍出来的机器人也将会是公民。如果对机器人的繁衍没有设下限制，他们的数量很快就会超过人类的数量。

作为具有选举权的公民，这些机器人可以推动社会的改造，修改法律，再过不久人类就会发现事情的演变，远超乎他们意料。

所以，在发展人工智能的同时，我们还应该考虑它可能带来的一系列社会伦理问题。

75 年了，"机器人三定律"需更新

柳丹 / 编译

1942 年，科幻小说家艾萨克·阿西莫夫（Isaac Asimov）在他的短篇小说《转圈圈》（*Runaround*）中第一次明确提出了"机器人三定律"，这一定律也被称为"现代人工智能技术的基石"。他描述了一个人形机器人像仆人一样的世界，但需要编程来防止机器人给人类造成伤害。从他 75 年前出版的那个故事至今，科学技术已取得了重大进步。如今，人们对机器人的外观以及人与机器人互动的方式也有了不同的认知。

高度进化的人工智能技术创造出了大量设备，从自动吸尘器到军用无人机再到整个工厂的生产线等。同时，人工智能和机器学习也越来越多地影响着我们日常用到的软件。这些发展使得机器人正快速出现在社会的各个角落，人与机器人之间的互动也愈加频繁。

阿西莫夫的定律仍是指导人类开发机器人的模板。韩国政府甚至在 2007 年提出了一个响应该定律的《机器人伦理章程》。鉴于机器人过去、现在以及未来的发展，我们不禁要问，21 世纪的人工智能，应该怎样更新这些规则呢？

机器人三定律

阿西莫夫认为，该定律旨在保护人类在与机器人互动时免受伤害，即：

机器人不能伤害人类，或袖手旁观任人类受伤；

除非违背第一定律，机器人必须服从人类的命令；

除非违背第一及第二定律，机器人必须保护自己。

如上所述，一个显而易见的问题是，即便是那些极为简易的机器人，今时今日的机器人也早已不同于往日阿西莫夫所写的故事中的机器人了。所以，或许我们可以考虑设置一个门槛，复杂性低于这个门槛的则不必遵守该定律。因为其实很难设想，一个真空吸尘器会有谋害人类的能力，或者需要服从人类命令的能力。它只不过是一个执行单一任务的机器人，甚至在我们开启它之前即可预知它的任务。

另一类则是军事作战环境中的机器人，用于侦查、拆弹或承重等。这些貌似仍符合阿西莫夫的定律，尤其是在非常危险的环境中用这些机器人来保护人类的生命安全时。

虽然不太可能，但有人或许会认为，终极的军事目标是制造出可以上战场的武装机器人。在这种情况下，第一定律——不能伤害人——就成为一个有争议的问题，因为军事的作用往往是通过在战场上对敌人造成伤害来拯救自家士兵和平民的生命。所以该定律可能需要从不同的角度予以考虑。

该定律的模糊性也使得包括阿西莫夫在内的一些作家试图去探索它们究竟是如何被误解或错误地被应用的。问题是，定律实际上并没有对什么是机器人下一个定义。随着科学研究对技术的推动，出现了许多专注于分子器件的机器人技术分支。

例如，由DNA和蛋白质制成的"机器人"可用于纠正基因紊乱。理论上，这些设备应该遵守阿西莫夫的定律。但若要它们通过DNA信号来服从命令，那它们则不得不在人类身上发生作用，因为它们已是人类不可或缺的一部分。这种一体化使得很难界定机器人是否有足够的独立性可以在该定律下被移除或在定律之外进行运作。客观而言，它不可能知晓自己如果执行了收到的任何命令后是否会对人类造成伤害。

还有一个问题是，伤害人类的关键点是什么。例如，当下在日本很流行的机器人婴儿，如果人们收养了一个机器人婴儿，它可能会对人们的情感或心理上造成伤害，但这种伤害又可能不是由机器人的直接行为造成的，也或许是多年后直到人机互动结束后这种伤害才会被凸显出来。这一问题也适用于较为简单的人工智能产品，如使用机器学习技术创作出抒发情感的音乐等。

现实问题

该定律的另一大问题是，人们是否需要为了能跟上机器人的脚步而大力发展人工智能技术。有时人们认为，研究人工智能的目标是为了开发出像人一样能思考和行动的机器。但到目前为止，人工智能技术貌似并没有在进行模仿人类行为的研究，而理性行为的研发也主要集中在有限的、定义明确的方面。

鉴于此，机器人只能在一个非常有限的范围内运作，同时该定律的任何理性应用也都将受到严格限制。即使当前技术还达不到如是要求，但基于此定律，作为一个能思考、做决定的系统，仍需要巨大的计算能力。

无论如何，阿西莫夫的定律都为那些想创建机器人代码的人提供了比现成原则好一点的建设性意见。我们只是需要基于这个定律而遵循一套更为全面的定律。也就是说，如果没有人工智能技术的重大发展，执行这些定律或仍将是一个不可能完成的任务。

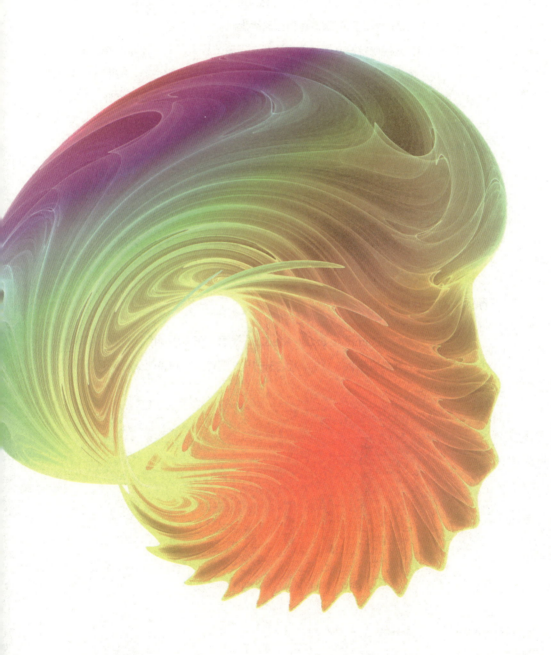

调查研究

数字媒体影响孩子成长吗

牟庆璇 / 编译

　　当今世界科技发展迅速，随着互联网的深入，它对家长和孩子们的生活方式产生着巨大影响。在以前，很少有人会费心思研究家长是如何应对孩子们的网络生活。而最近，管理"屏幕时间"的观念受到家长们的关注，特别是在夏季的时候，孩子们有大把的暑期时间掌握在自己的手上。

　　前段时间，人民网曾发文抨击腾讯游戏《王者荣耀》。文中称《王者荣耀》是娱乐大众还是"陷害"人生？游戏人物歪曲历史会误导小学生等。关于青少年沉迷于《王者荣耀》的新闻越来越多，腾讯也开发了防沉迷系统进行应对，未成年人每天上网时间不超过 2 小时，这种时间限制的方法真的有用吗？游戏真的天然就是罪恶的吗？

　　内森·菲斯克（Nathan Fisk）是美国南佛罗里达大学（University of South Florida）网络安全教育专业（Cybersecurity Education）的助理教授。他的研究方向绝大部分是关于青少年和网络安全。他认为家长对于孩子们"屏幕时间"的控制，除了专家给出的时间限制以外，还有很多种更好的方法。

青少年的"屏幕时间"

　　美国常识媒体（Common Sense Media）报道，在 2015 年，8—12 岁的青少年平均每天在屏幕前花 263 分钟，而 13—18 岁的青少年则会花费更多的时间，长达 391 分钟。

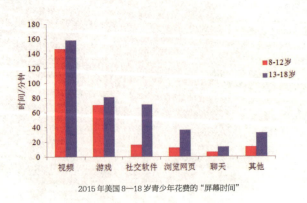

2015 年美国 8—18 岁青少年花费的"屏幕时间"

"屏幕时间"概念的来源

"屏幕时间"的概念最初是在
1999 年由美国少儿科学院（American
Academy of Pediatrics）提出的，它
建议家长应限制两岁以下的孩子使用智
能手机、平板、电脑和电视等，并限制
两岁以上的儿童每天对上述智能产品的
使用时间不超过两小时，等孩子长大一
点再增加使用时间。虽然美国少儿科学
院在 2016 年放宽了政策，比如鼓励有
效地、正面地使用数字媒体，并建立家

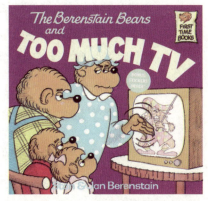

早在 1984 年，《小熊一族》动画片就已经涉及了"屏幕时间"的概念

庭媒体计划等，但是"屏幕时间"的核心理念基本没有变化。

"屏幕时间"的观念主要是指限制孩子们对数字媒体的使用，因其容易操作
而受到了大部分家长们的欢迎，但是这个观念却引起了越来越多专家的批评。

在学术界，支持"屏幕时间"观念的研究有很大的局限性。基于实验室的研
究往往单一化，转化到现实生活中因事件的复杂性而不能够完全适用。通常情况
下，关于"屏幕时间"的研究表明，健康问题和数字媒体的使用之间存在着联系，
但是却不能够证明它们之间的诱导关系。例如，研究表明使用智能产品与儿童肥
胖之间有联系，但这也只意味着不活泼的孩子更容易肥胖，且在智能产品上花费
了更多的时间。这项研究并不能够表明智能产品的使用会导致儿童肥胖。

"屏幕时间"的新概念

互联网时代日新月异，数字媒体的活动也发生了很多变化，成年人开始花费
更多的时间上网和聊天，原来的"屏幕时间"的概念已经跟不上时代的步伐。无
论是儿童还是成人，被越来越多积极的、互动的媒体体验所吸引。在以前，限制
"屏幕时间"是因为家长认为所有的媒体体验对孩子来说都是负面的，但是现在
数字媒体正逐步取代线下活动。

孩子们用数字媒体可以做很多积极的事情，他们跟成年人一样，借用智能产
品支持"现实生活"活动。他们可以通过网上聊天约朋友出去玩，搜索新闻事件，

看娱乐视频和信息等。

内森·菲斯克还指出，在他的研究中发现，父母考虑的孩子和科技的问题，实际上与科技无关。随着社会的发展，孩子们独自外出越来越受到限制。对孩子们来讲，私人空间越来越少，因此他们求助于数字媒体的应用程序进行社交，当家长阻止他们时，他们会感到不安和沮丧。

父母应该怎么做

家长如何才能掌握孩子们的"屏幕时间"呢？这是很复杂的事情，而且没有哪一位专家的建议能够胜过父母与自己孩子相处的日常经验。但是，还是有一些有效的方式。

首先，父母着重关注的不是时间的多少，而是更多地了解孩子们接触的不同媒体所提供的内容、环境和联系。毕竟，孩子们是在网上和朋友们玩几个小时的游戏，还是在网上论坛与仇恨团体进行几个小时的交流，这会产生天差地别的影响。

其次，父母应该关心孩子的健康问题，而不涉及数字媒体的使用。孩子是否健康，是否可以正常社交，在学校表现是否良好，生活是否幸福。如果答案都是肯定的，那么家长可能没有必要对孩子们使用数字媒体实施严格限制。如果答案是否定的，家长也不要急于对科技进行负面的评价，而是多和孩子讨论他们在做什么想什么。如果孩子们对他们的问题产生错误的理解，往往会使事情变得更糟。

最后，父母应该记住，没有任何东西可以替代家长和孩子之间有意义的、相互支持的关系。有了稳定的相互信任的关系，即使孩子们在网络上有负面的体验，也能成为正面的学习经历。当家长对于孩子的"屏幕时间"过分担心的时候，他们可能在关心孩子们的方式上选错了方向。

时至今日，舆论的矛头不应该是科技和数字媒体，它们是社会发展的必然产物。当孩子沉迷于网络时，真正要负起责任的是家长和社会。正如人民网在《王者荣耀》事件中说的那样："游戏是人类的天性，但孩子不是成熟的理性人。在判断力这一重要的人生技能成熟以前，恰当的干预和引导十分必要。"

移动新闻获取的最大增长来自老年人群

谭语 / 编译

移动终端已经快速成为美国人获取新闻的重要渠道之一，而根据皮尤研究中心 2017 年 3 月份的调查发现，过去一年使用移动端阅读新闻增长量最大的群体是 50 岁以上的人群。

85% 的美国成年人通过移动端获取新闻，超过一年前的 72%，远高于 2013 年的 54%。最近的增长主要来自老人年群，65 岁以上的美国人中已经有近 2/3 通过移动端获取新闻，比前一年增加 24%，是 4 年前 22% 的 3 倍。

另一个移动端使用率迅速增长的群体是 50—64 岁的美国人，这个年龄段已经有 79% 使用移动端获取新闻，比 2013 年翻了一番。而 50 岁以下人群的增长率并没有那么显著。

老年人移动端新闻使用快速增长的部分原因是其增长空间比年轻人大很多。与网络使用率和手机拥有率一样，移动新闻的使用在年轻人中间已经很普遍，没有太多增长空间。比如 2016 年，18—29 岁和 30—49 岁人群中均有 94% 通过移动端获取新闻，其中 18—29 岁人群的比率没有变化，而 30—49 岁人群则增长了 9 个点。与此相对，50—64 岁人群和 65 岁以上人群在过去一年间通过移动端获取新闻的比率各增长了 16%、24%。另有调查发现，美国人的总体技术使用率也出现类似的现象。

虽然老年人使用移动端获取新闻的比率已经很高，但并不意味着他们更偏好移动端。在所有成年人群中，同时通过电脑和移动端获取新闻的人群明显更偏好移动端，而 65 岁以上的人群仅有 44% 有此偏好，远远低于 18—29 岁人群的 77%，略低于 50—64 岁人群的 54%。不过这三个人群对移动端的偏好比率都略有上升。

移动端新闻获取率大幅度增长的现象也发现在低收入人群。调查发现 79% 的低收入人群（年收入低于 3 万美金）通过移动端获取新闻，比 4 年前的 37% 翻了一番多。不过尽管如此，低收入人群的移动端新闻获取率仍低于高收入人群的 91%。

另一个获取新闻的重要渠道是电脑。85% 的美国成年人通过电脑获取新闻资讯，与 2013 的 82% 大致持平，不同年龄、收入的人群分布变化也不大。

公众的科学知识水平
对于气候变化及能源使用的影响如何

谭语 / 编译

　　科学圈很多人认为如果公众能了解更多气候变化和能源问题背后的科学知识，那么他们应该会更加支持科学家的观点与态度。然而，皮尤研究中心 2016 年的一项调查结果显示，事实并非如此。人们对科学知识的掌握程度与其对气候变化及能源问题的看法并不正相关，而党派立场则是重要影响因素。

政治立场影响公众对气候变化的态度

　　过去十年来的民意测验均显示，公众对于气候及能源问题的看法有极大的政治分歧。2016 年的调查更是显示这些政治分歧横跨气候辩论的方方面面，从气候变化的起因，到潜在影响，再到人们对于气候学家的信任程度。

　　这些政治倾向似乎是解释科学知识如何影响人们相关态度的支撑点。与之前的文献结果一样，人们的政治观决定科学知识程度对于其在气候相关议题方面态度的影响。

　　从某种程度而言，人们的科学知识水平可以帮助解释他们对于气候变化的看法，但二者之间的关系很复杂。例如，尽管人们对于气候变化的潜在影响有很大的政治分歧，大多科学知识程度相对较高的民主党派人士认为气候变化很有可能导致海平面上升，腐蚀海岸线，威胁野生动物及生态环境。然而在共和党派人士中，不管科学知识水平是高是低，对于气候变化对地球生态环境威胁的预期并没有显著差异。

　　同样，科学知识水平高的民主党派人士基本都同意气候变化是人类活动引起的，而科学知识水平相对较低人群中只有 49% 认同此观点。而在共和党派中，科学知识水平对于气候变化产生原因的分析没有太大影响。也就是说，科学知识水平相对较高的共和党派并不比科学知识水平相对较低的人更认同气候变化由人类活动引起。

　　也并非所有对于气候变化的判断都这样，但就科学知识对于公众判断的影响而言，民主党派人士中确实呈现如上差异。

公众对于能源问题的态度也与政治立场有关

在能源问题上，也呈现差不多的分化态势。调查发现共和党人比民主党人更倾向支持扩大石化燃料的使用。科学知识水平较高的民主党派人士中大多反对扩大离岸石油开采及矿产开采，而科学知识水平较低的民主党派人士对此议题的态度呈分化状态。共和党派人士则不管科学知识水平如何，在此议题上的态度都差不多。

在核能方面，则完全不一样。75% 拥有较高科学知识水平的共和党人更倾向于支持核电厂的建设，而科学知识水平较低的共和党人中只有 37% 对此持赞成态度。而民主党人不管科学知识水平如何，对核电厂的建设持比较一致的态度。

因此，人们的科学知识水平确实影响他们对于气候及能源问题的态度，但是二者的关系并没那么直接。政治立场会影响他们如何使用这些议题方面的科学知识，并形成观点与态度。

美国人关于气候变化的政治纷争

谭语 / 编译

据皮尤研究中心的最新调研显示，气候问题的政治裂痕远远超过了诸如气候变化是否正在发生、是否是由人类引起等问题。这些政治分歧植根于气候变化讨论的每个方面，直接导致公众对气象学家研究动机的基本信任。

具体而言，皮尤研究中心的调研发现美国人在地球生态系统的潜在危机和气候变化的应对等问题上有巨大的政治分歧。不同党派对现今气候变化的科学讨论也有显著不同的解读，左翼和右翼对现今科学界共识的理解有巨大不同，对从研究者处得来的信息有着不同程度的信任，对科学家做气候变化研究是为了追寻真理还是为了个人职业发展也有不同看法。

同时，政治立场的不同并不是美国人对气候问题看法不一的唯一原因。人们对气候问题的关注程度也很重要。36% 更关注气候变化问题的美国人，无论党派，都认同气象科学的确切和重要，认同人类活动对气候的影响，认同科学家对气候变化的研究。

　　谈到政党分歧，极左和极右翼对气候政策和气候科学研究有着最大的认知鸿沟。从气候变化的起因到谁该为此负责的广泛问题中，民主党自由派和共和党保守派的看法有着截然不同的角度。前者对气候科学家（55% 认为气候研究结果是绝大多数情况下能获得的最可信论据）和学界对问题的理解（68% 认为科学家对气候变化是否正在发生有着深刻理解）有着更多的信任。也许正因此，该群体更倾向于相信潜在气候灾难的降临，同时在政策和个人层面的行动会对克服这些灾难有效。民主党中相信地球的生态系统会被严重危害、并相信被问及的 6 个政策和个人行为会对应对气候问题有帮助的人数，甚至超过了共和党中相信地球正在变暖的人数。而且共和党保守派中的绝大多数人认为上述政策和个人行为无关紧要。

　　皮尤研究中心的该项调查详细探讨了美国人对气候问题的看法与人们对气候科学家及其研究工作看法的关系。民主党人尤其倾向于认为科学家和科研发现是积极有效的。共和党人则显著地质疑科学家所发布的关于气候的信息、发现和研究成果。举几个例子：

　　·七成的民主党人相信科学家对气候变化的起因给出了完整而准确的描述，共和党中仅有一成五的人如此认为。

　　·约 54% 的民主党自由派认为科学家理解了气候变化的起因。对应比例在共和党保守派中仅有 11%，在共和党中间 / 自由派中为 19%。

　　·民主党自由派在所有政党 / 派别群体里有着最高（55%）的比例认同全球变暖是学界共识。对应比例在共和党保守派中仅为 16%。

　　·气候研究的信誉同样和政治立场相关。55% 的民主党自由派认为气候研究在绝大多数时间提供了最好的证据，39% 认为在有些时候提供了最好的证据。对应比例在共和党保守派中为 9% 和 54%。

　　·另一方面，共和党保守派更倾向于认为气候研究更多地被科学家自身的职业发展（57%）或其政治倾向（54%）所影响。对应的比例在民主党自由派中则很小，分别为 16% 和 11%。

　　虽然民主党自由派高度赞同科学家对气候变化是否正在发生的理解，但即使在这个群体里，对科学家在气候变化对策方面的研究赞同度也较低。在所有群体里只有少数人认为学界很好地研究了气候变化的对策。

除对气候科学家及其科研动机的一些质疑外，大多数各个政治派别群体里的美国民众都同意科学家应该至少参与到气候政策制定中。3/4 以上的民主党人和大多数共和党人（69% 中间派，48% 自由派共和党人）认为科学家应该在其中扮演重要角色。两党中只有极少数人认为科学家不应参与。

在气候问题的政见差别程度上，变量主要集中在人们对所谓气候科学家（而不是普通意义上的科学家）的看法上。各群体里的大多数人对大多数科学家对公众利益服务有着不错的信心。对于那些关心气候变化的共和党人，他们更倾向于对气候研究有着正面的观点。

民主党自由派更认同气候变化会带来灾害，同时政策和个人行动对应付气候变化有效。在认为采取行动会有效应对气候变化的问题上的政治分歧包括：

· 约束发电站排放—— 76% 的民主党自由派和 29% 的共和党保守派认为这项举措有效，二者相差 47% 之多。

· 国际碳排放协议—— 71% 民主党自由派和 27% 的共和党保守派认为这项举措有效，差异 44%。

· 为汽车和卡车制定更严格的燃油效率标准—— 67% 的民主党自由派和 27% 的共和党保守派认同此举，差异为四成。

· 以税收奖励鼓励企业降低其活动中的"碳足迹"—— 67% 民主党自由派和 23% 的共和党保守派认同此举，差异为 44%。

· 推广混动或电动汽车—— 56% 的民主党自由派和 23% 的共和党保守派认同此举，差异 33%。

· 日常生活中民众个人减低"碳足迹"—— 52% 的民主党自由派和 21% 的共和党保守派认同此举，差异 31%。

对所有这些气候变化对策，中间 / 自由派共和党人与中间 / 保守派民主党人的观点处于各自政党极左派和极右派观点的中间。

民主党自由派对气候变化的辩论更加重视，因为他们倾向于认为气候变化会带来灾害。此群体中多于六成的人认为气候变化会带来干旱，风暴，从而破坏动植物生命，还会带来升高的海平面从而破坏已有的海岸线。共和党保守派中对应比例低于两成；一半的共和党保守派认为这些灾害不太会或根本不会发生。

令人惊奇的是，科学素养对个人在气候问题上的观点没有强烈影响。在该调查中，读者在包含 9 个项目的科学知识测试中的得分与他们对气候变化和对气候科学家的看法关联有限，尤其是和其他因素诸如党别、派别和对气候问题的关心程度相比的时候。该关联不仅有限，而且复杂。例如，得分高的民主党人更容易认同人类活动导致地球变暖，认同科学家对气候变化起源的理解并信任科学家。但在共和党中得分高低并无影响。因此，政治立场也会影响到个人的科学知识和他们对气候问题判断，对气候科学家信任的关系。

以上为皮尤中心调查的主要结论。调查样本主要基于 2016 年 5 月 10 日—6 月 6 日之间选取的全国 1534 名成年人。样本误差为 ±4%。

当今美国科学新闻与信息获取状况调查结果综述

谭语 / 编译

当今世界，科学信息与民众分歧越来越相关。皮尤研究中心于 2017 年 5 月 30 日—6 月 12 日，在全美国范围内针对 4024 名有代表性的成年人代表展开问卷调查。问卷涉及在日常生活中，民众如何获取科学新闻、评估什么内容可信、什么人可信等内容。

调查发现，大多美国人每个月读科学新闻的次数不超过十几次，而且往往是无意读到，而非特意阅读。总体而言，约有 36% 的美国人每周至少阅读几次科学新闻，30% 的美国人积极主动检索科学信息，17% 的人两者兼做。

同时，虽然大多美国人通过大众媒体获取科学新闻，并称这些媒体的科学报道做得很不错，他们也认为专业信息渠道（比如科学文献、杂志、科技博物馆等）更可能帮助自己准确理解科学事实。

大多美国人依靠大众媒体获取科学新闻，但认为专业信息渠道更可靠

对于美国人而言，虽然越来越多的专业科学信息渠道涌现，每天综合报道各类信息的大众媒体仍是最主要的科学新闻来源。54% 的美国人常规性地通过大众媒体获取科学新闻，高于任何其他渠道。就算是最积极主动的科学新闻读者也

是定期从大众媒体获取科学信息。

但也有很多人认为大众媒体的科学新闻报道并不准确，他们更为信任专业信息渠道。虽然更少的人依靠这些专业渠道常规性地获取科学新闻，但有近50%的美国人认为科学文献、科学杂志和科技博物馆大多时候可以准确传达科技信息，只有28%的人认为大众媒体可以实现同样的准确性。

美国人认为媒体的科学报道大体不错，但也有一些问题

超过57%的美国人认为媒体的科学报道不错，与之前对于某些特定科学议题（有儿童疫苗接种）的评估结果一致，但在媒体报道负面影响的看法方面有差异。

与此同时，很多人认为媒体科学报道的问题源于媒体、科学界、甚至民众自身，三方均需承担责任，尽管他们也不认为这些问题是大毛病。细究起来，73%的人认为媒体科学报道方式的问题，大于科研人员出版或共享科研成果方式的问题，只有24%的人持相反态度。

2/3的社交媒体用户不信任科学相关贴文

作为大众（尤其是年轻人）获取新闻的主要渠道，社交媒体对于科学信息获取的影响甚微。很多社交媒体用户都在其社交媒体平台看科学相关的贴文，但只有25%看"很多"或"一些"科学贴文，认为这是他们获取科学新闻重要渠道的人有33%。甚至有2/3的人不信任社交媒体上的科学相关贴文，这与互联网用户对于社交媒体信息的超低信任度一致。

约有26%的社交媒体用户会关注一些科学类账号，这部分人更可能点开社交媒体上的分析链接，并将社交媒体视为获取科学新闻的主要渠道，他们也更倾向于更信任社交媒体上的科学新闻。

一些美国人依靠家人或朋友获取科学新闻

家人与朋友之间对于科学新闻的讨论，对于科学新闻获取的影响也不大。33%的美国人声称自己常规性地通过家人或朋友获取科学新闻信息，17%的人

会每周谈论科学新闻，比之前关于新闻或政治讨论频率的调查更低。

同时，只有 16% 的美国人认为家人或朋友是准确的科学信息源，远低于大众媒体的信任度。这一发现与 2016 年的一项调查结果一致。该调查发现大多美国人认为从在线新闻机构获取的信息，远比在线聊天获取的信息准确。

有一群人积极主动跟踪科学新闻并参与科学活动

17% 的美国人每周至少积极获取几次科学新闻。相比科学新闻，他们更享受从不同渠道跟踪科学新闻，他们也更喜欢和他人讨论科学，并在社交媒体上关注科学类账户。

他们也更倾向于认为 9 类专业信息渠道更为准确。他们中间 70% 的人认为科技博物馆、科学杂志和科学文献可以提供科学信息的频率分别为 74%、72% 和 73%，而其他对科学新闻没那么感兴趣的人认为这些渠道的准确率仅略高于50%。

这群积极的科学新闻读者更倾向于去公园、博物馆等非正式的科学学习场所，更可能有科学相关爱好，也更可能参与公民科学活动（如收集数据样本或科学观察）。

这群人的受教育程度更高，收入更高，男性多于女性，但在年龄及种族方面并没有特别差异。

民主党与共和党成为积极科学新闻读者的可能性差不多，但民主党更倾向于认为媒体的科学报道不错

尽管在气候变化、能源、科研资助、对政治新闻信任等各方面，美国民主、共和两党均存在很大的政治分歧，但在科学阅读方面的分歧并不是很大。民主党和共和党成为积极科学新闻消费者的比率差不多（分别是 17%、18%）。

但在媒体科学报道的判断方面，两党差异较大。64% 的民主党认为新闻媒体在科学报道方面表现很好，共和党内持类似态度的为 50%。

当被问及媒体科学报道问题方面，53% 的共和党人，尤其是保守共和党人，认为媒体应当承担的责任更大，他们认为新闻媒体"过快报道那些尚且站不住脚的科研发现"，民主党内持此态度的为 36%。同样，民主党也更认可媒体科学

报道的准确度。

大多美国人可以看到与科学相关的娱乐节目

医学、法律等电视秀及电影帮助普及科学研究的不同领域。科幻节目与电影以及娱乐界的新形势，也可以帮助民众想象科学。

相比科学新闻，也有很多美国人看科学相关的娱乐节目。81% 的美国人称自己或多或少看过这类节目（与犯罪调查、医院、医疗设施或科幻相关的节目或电影）。

科学界很多人担心这些科学节目会影响公众对于科学的理解与支持。而此次皮尤研究中心的调查发现，虽然大多美国人认为这些节目会牺牲一些真实性，但并不会影响他们对于科学的理解。更多的人认为类似的娱乐节目或电影可以帮助他们对科学的理解。

此外调查发现，类似娱乐节目给科技与医学塑造了更为积极的形象。例如，看犯罪调查节目的美国人中有 56% 认为节目给科技、医学树立了积极的形象，只有 9% 的人认为节目会有负面影响，33% 的人对此问题持中立态度。

非正式的科学学习场所

除了新闻与社交媒体外，62% 的美国人可以在公园、动物园、科技博物馆等非正式科学学习场所接触到科学信息。

18% 的美国人拥有与科学相关的兴趣爱好，比如户外活动、天文、电脑编程等。

此外，约有 16% 的人通过参与公民科学研究活动（如帮助收集科研数据等）直接参与科研，这部分比例呈上涨趋势。

受教育程度越高、收入水平越高的人约有可能参与上述三类科学活动，与之前的调查结果相一致。其中，积极的科学新闻阅读者、18—29 岁的年轻人相对更倾向于参与这些活动。

美国大学前教育的成绩落后于其他发达国家

谭语 / 编译

相比于其他国家的同龄人，美国学生的学习成绩如何？据国际数学与科学评估近期的一些数据显示，美国学生在全球排名居中，落后于其他发达国家。

15 岁美国学生的成绩全球居中

国际学生评估项目（Programme for International Student Assessment，PISA）是全球最大的跨国评估项目之一。该项目每三年评估一次各国 15 岁学生的阅读能力、数学能力及科学素养等。该项目最近的评估结果来自 2015 年。结果显示，美国学生的数学能力在全部 71 个受评国家中排名 38，科学素养排名 24；而在项目资助机构经济合作与发展组织（Organization for Economic Cooperation and Development）的 35 个成员国中，其数学能力排名 30，科学素养排名 19。

低年级美国学生的表现略好一点

据国际数学与科学趋势研究（Trends in International Mathematics and Science Study, TIMSS）的报告显示，年幼一点的美国学生在类似跨国评估中的表现略好。该研究自 1995 年以来，每四年评估 4 年级和 8 年级的学习成绩。其最近（2015 年）的评估结果显示，在 48 个评估国家中，4 年级学生数学成绩高于美国的有 10 个，而科学成绩高于美国的有 7 个。在 8 年级学生的评估中，37 个评估国家中高于美国学生数学成绩和科学成绩的都是 7 个。

美国学生的数学平均成绩出现下降

美国国家教育进展评测（National Assessment of Educational Progress，NAEP）是另一个使用数年的评估项目，隶属于联邦教育部门。其最近的一次评测也是在 2015 年。结果显示，美国 4 年级学生和 8 年级学生的平均数学成绩自 1999 年来首次下降。

2015 年美国国家教育进展评测中，4 年级学生的数学平均成绩是 240（总分 500），与 2009 年持平，低于 2013 年的 242；8 年级学生的数学平均成绩是 282，低于 2013 年的 285，是 2007 年来的最低值。而针对 12 年级学生的测评，从 2005 年开始，2015 年的平均成绩 152（总分 300），比 2013 年和 2009 年低一分。

从另一个角度分析。2015 年的美国国家教育进展评测将 40% 的 4 年级学生、33% 的 8 年级学生、和 25% 的 12 年级学生评为"精通"或"熟练"掌握数学。同时，越来越少的学生被评为"低于基础线"。4 年级和 8 年级学生中分别有 18% 和 29% 被评为数学差生，远远低于 1990 年的 50% 和 48%。不过数学成绩好的学生比例也在下降。

美国学生的科学素养有所提升

美国国家教育进展评测也检测了美国学生的科学素养。虽然并没有连续地检测，但现有检测结果显示美国学生的科学素养有所改善。在 2009—2015 年间，4 年级和 8 年级学生的科学课平均成绩都从 150 提升至 154（总分 300），而 12 年级学生的平均成绩维持在 150。2015 年的测评将 38% 的 4 年级学生、34% 的 8 年级学生及 22% 的 12 年级学生评为"精通"科学，而低于基础线的比率分别为 24%、32% 及 40%。

美国人对此结果并不感到意外

这些结果或许并不会让美国人感到意外。据 2015 年皮尤研究中心的调查显示，只有 29% 的美国人认为其基础教育在科学、技术、工程、数学（简称为 STEM）方面领先或优于世界平均水平。美国科学家对此的态度甚至更为谨慎，只有 16% 的科学家认为美国中小学 STEM 教育领先或优于世界平均水平，认为其低于世界平均水平的科学家高达 46%。

备注：美国教育分为 4 个递进阶段：学前教育、初等教育、中等教育（初中和高中）、高等教育。前 3 个阶段都属于大学前（pre-college）教育，包括保育学校（Nursery School）及幼儿园（Kindergarten）、小学（Elementary School）、初中（Middle School）及高中（High School）。K–12 教育则是美国基础教育的统称，指从幼儿园到 12 年级的教育。各教育阶段的年龄对照表如下：

	年级	年龄
学龄前	Pre—Kindergarten	2—3 岁
幼儿园	Kindergarten	4—5 岁
小学	1—6 年级 (或 1—5)	6—12 岁
中学（初中）	7—9 年级 (或 6—8)	13—15 岁
中学（高中）	10—12 年级	16—18 岁

2/3 美国公民认为应发展新能源代替化石燃料

贾王玥 / 编译

美国总统唐纳德·特朗普（Donald Trump）在近期工作报告中向公民承诺要对气候和能源政策进行变革，其中包括增加化石燃料如煤炭的生产量。这一策略与奥巴马执政时对于可持续发展新兴能源的蓝图背道而驰。值得一提的是，皮尤研究中心（Pew Research Center）的一项调查结果显示，65% 的美国公民支持优先发展可持续替代能源，这让支持特普朗总统改革策略的 27% 的美国民众显得有些势单力薄。

自 2014 年以来，民众对于新能源的开发和利用的关注度和支持度有所增加。当时，有 60% 的民众认为应将开发和利用新能源作为国家首当其冲的策略。不可否认的是，在能源的利用问题上仍存在着较为严重的政治裂痕。尽管一份 2016 年的皮尤报告显示，大多数民主党派和共和党派都对开发风能和太阳能等新能源较为看好。但据最新的调查显示，民主党派似乎比共和党派更看重国家对于可持续发展能源的重视程度。

党派之争让能源利用再掀波澜

约有 4/5（81%）的民主党和左翼人士认为开发替代能源才是明智之举，而非从化石燃料中扩大生产，拉动经济。相比之下，共和党和右翼人士对于这两种策略的优先顺序显得有些僵持不下：45% 的人士表示开发替代能源是重中之重，而仍有 44% 的人表示应扩大石油，煤炭和天然气的产量来缓解能源危机。

关于能源的利用问题在美国共和党中仍存在着意识形态的分歧。对于共和党派中的自由人士及右翼人士而言（占据共和党派人士 36%），有 65% 的人认为应该优先考虑开发替代能源来取缔化石燃料对环境和气候的污染。只有 28% 的人士认为，优先考虑化石燃料扩大生产才能推动国家经济。相比之下，共和党的保守派人士有 54% 支持化石燃料的发展，而仅有 33% 的人支持开发利用新能源。与共和党大相径庭的是，大多数民主党派自由人士（88%）以及保守人士（77%）都更加青睐于优先考虑替代能源的开发和利用。

在能源优先利用问题上的党派分歧也同样体现在党派对于气候变化问题上的争执。近期皮尤研究中心发布的一份调查报告显示，极左翼和极右翼在对气候政策及研究上存在着较大的鸿沟。有 88% 的左翼人士及民主党自由派认为气候变化已然成为威胁美国的一大重要因素。而仅有 12% 的右翼人士及共和党保守派认可这一观点。

公民呼声：环保法章"指"日可待

关于能源优先利用的问题在美国公民的年龄方面也存在着差异。50 岁以下的美国人更青睐于可替代能源的开发和利用来取代化石燃料的扩大化生产。在 18—49 岁的人群中，约有 7/10（73%）的美国人表示应将开发利用替代能源作为优先事宜，而仅有 22% 的人仍然坚持化石燃料的扩大生产策略。这一问题在 50 岁以上中老年人中存在着较大的意见分歧。但与此同时，他们也更加关注替代能源的开发方案。在 50 岁及以上美国人中，55% 的人认为开发利用可替代能源应被予以关注，34% 的老年人表示扩大化石燃料的能源生产才应该得到重视。

注：这些调查结果基于皮尤（Pew）研究中心在 2017 年 1 月 4 日至 9 日对 1502 名美国成年人进行的调查。

美国人对转基因科学共识有分歧

谭语 / 编译

　　民以食为天，不管对于哪国人，食品都是第一要务。为了解美国人的食品观念与膳食理念，美国皮尤研究中心于 2016 年 5 月 10 日—6 月 6 日针对全国 1480 位成年人样本进行调查，并分析从中提取的主要数据。该调查是对与美国人日常生活有关的领域做研究的科学家和科学界的公众意见的第二次系列调查。

　　调查显示，54% 的美国人认为与 20 年前相比，当今美国人更为关注健康饮食，26% 则不以为然；超过 70% 的美国人相信健康饮食和运动是长寿健康生活的两个关键因素，然而现实与理想总是有差距，58% 的美国人认为自己可以吃得更健康。

　　调查也显示，美国人对于有机食品和转基因食品这两种主要类型的食品对健康影响的评价有分歧。具体而言，55% 的受访者人认为有机种植的作物比传统种植作物更健康，而 41% 认为二者没有区别，3% 的人则认为传统种植作物更好；6% 的受访者自称主要食用有机食物，34% 的受访者称会食用一些有机食物；高达 75% 的受访者相信有机食品比传统食品更健康。

　　此外，15% 的美国人声称对一种或多种食物存在或轻或重的过敏症状，另有 17% 称对一种或多种食物存在不耐受的情况。人们的饮食理念与食物过敏及其他健康问题有关，在关注营养健康饮食人群中 26% 存在至少轻度食物过敏。

　　另外，3% 的美国人自称是严格的素食主义者，另有 6% 称大部分时间只吃素食。关注营养健康饮食人群中，22% 是素食主义，高于其他人群的 3%。同样，密切关注转基因食品人群中 21% 是素食主义者，高于其他人群的 6%。

　　除了上述各项，皮尤研究中心的这项调查也重点关注了美国人对于食品科学领域科学家及其科研的看法，发现美国人对于与转基因食品科研相关的科学理解与共识有分歧。

食品新闻并不怎么影响美国人的食品观

　　曾有观察者担心媒体上关于食品健康来来回回的冲突报道会让公众更混乱，甚至让其质疑健康营养科学。然而皮尤研究中心的调查发现，虽然大部分美国公众确实意识到了各类健康报道的冲突性，但总体而言，他们并没有被绕晕。

不过科学知识相对较少的人群在这些研究中确实呈现泾渭分明的态势。66%的美国人称每天或每周会关注关于饮食健康的新闻报道，其中大多看过相互矛盾的报道。61%的美国人称"新研究总会改善我们对于饮食健康的理解，所以即便与之前的研究结果相悖，也可以理解"，与此相对应，37%的人认为"无法信任关于饮食健康的研究，因为这些研究彼此相互矛盾"。科学素养比较高的人大多认为相互矛盾的报道可以理解，而科学知识较少的人群中，46%称其可以理解，50%认为不可信任。

72%的美国人认为尽管媒体报道相互矛盾，但可以理解饮食健康的核心理念，而另有25%的人认为因为各种矛盾的信息，让人无从得知到底怎样健康饮食。

对转基因食品科研的科学理解、共识、影响有质疑

2014年皮尤研究中心的调查发现，大部分（62%）的美国人认可科学进步在食品品质方面带来的好处，而本次的调查结果显示，美国人对于转基因相关科学家的态度总体为质疑或冷淡。

仅有19%的美国人认为科学家"很好地"理解了转基因食品的健康影响，44%的人认为科学家对此有比较好的理解，另有35%的人则认为科学家完全不理解转基因食品的健康风险。

2016年，美国国家科学院发布肯定转基因安全的报告，这可以显示科学界在此议题上达成的科学共识。然而，很多美国人认为科学圈对此有异议。只有14%的受访者认为所有科学家都同意转基因食品食用安全性，认为超过一半的科学家肯定转基因食品食用安全性的也只有28%。

相比于食品工业界、媒体和官员，公众在转基因食品健康影响方面对科学家的信任更高。但只有35%的人称非常信任科学家会给出详细准确的转基因食品健康影响信息，43%的人则只是有点信任。对于小农场主的信任也差不多，29%的人称非常信任他们给出的信息，49%的人则称有点信任。

当被问及影响科学家食品研究的因素时，受访者给出了各种回答。其中，30%认为现有证据一直影响科学家对于转基因食品效果的研究，51%认为偶尔影响，17%认为完全不影响。同时，30%的美国人认为科学家大多时候受支持工业界欲望的影响，50%的人认为偶尔受到此影响。

大多美国人认为科学家应帮助食品决策

尽管对于科学家的评价不一，60% 的受访者认为科学家应该在转基因食品相关决策中承担重要角色，28% 则认为科学家应该承担小角色。与此类似，更多美国人认为小农场主和公众应该在转基因食品决策中承担重要角色。至于工业界领袖及政府官员的角色，分别有 42% 及 24% 的人认为他们应该承担重要角色。

密切关注转基因食品的人群更倾向于让公众更多参与转基因食品决策，不那么关注转基因食品的人群则更倾向于给科学家更多的决策权。

科学素质高的人群更倾向于给科学家好评

与气候变化不同，美国人对转基因食品领域科学家的态度超越党派、意识形态的限制，与科学知识更相关。科学素质高的美国人更倾向于积极评价科学家及他们的科研工作，也更倾向于相信科学家会针对转基因食品的影响给出全面准确的信息。具体而言，科学素质高的人群中，51% 信任科学家提供的信息，高于科学素养一般人群的 38% 及科学素养较低人群的 18%。

科学素质较高的人群中也有更多人相信关于转基因食品食用安全的科学共识，然而，即便是这个人群中，也只有 20% 的人认为科学家已经很好地理解了转基因食品的健康风险。但是，科学知识的多少并不影响人们对于转基因食品的关注程度或他们对于健康饮食的重视程度。

进化论的争议在美国从未停止

谭语 / 编译

2017 年 2 月 12 日是达尔文诞辰 208 周年纪念日。2009 年达尔文诞辰 200 周年之际，2 月 12 日被确定为"达尔文日"。

众所周知，达尔文因为提出生物进化论学说、揭示自然选择的规律而闻名于世。1859 年，达尔文出版著作《物种起源》，震动了当时的学术界。时至今日，进化论基本已经被所有科学家接受，然而仍有很多美国人对进化论心存抗拒，因为这与他们神造论的信仰相冲突。

虽然不是正式的公共节假日，但"达尔文日"已被科学家和人道主义组织充分利用，从弘扬科学素养到宣传世俗主义，无所不及。在今年的达尔文日，全世界范围内策划了 50 余场活动，其中大多是科学演讲或论坛，也有类似美国华盛顿特区史密森尼自然历史博物馆（Smithsonian's Museum of Natural History）组织的儿童寻宝游戏这样的娱乐活动。

借此契机，皮尤研究中心也再次梳理了美国公众关于进化论的看法。

仅有少部分美国人完全接受进化论中的自然选择规律

据皮尤研究中心关于美国人宗教信仰的调查显示，约 62% 的美国成年人认为人类一直在进化，但仅有 33% 的人相信人类和其他生物完全因为自然选择的过程而产生进化。25% 的人认为生物进化由神灵指引。调查同样发现，34% 的美国人完全拒绝进化论，他们声称人类和其他生物从创世之初就以现在的形态存在。

不是所有美国人都认同科学界关于进化论的共识

据皮尤研究中心 2014 年的一项调查显示，虽然与美国科促会有关的科学家中 98% 认为人类一直在进化，但仅有 66% 的美国人知道科学家总体同意进化论。拒绝进化论的公众对于科学家在此议题上是否达成共识有分歧，其中 47% 的人称科学家对于进化论达成了共识，而 46% 的人不这么认为。

众多法院判决禁止在公立学校教授神创论或智能设计论

是禁止公立学校教授进化论，还是禁止其开设神创论的课程，美国不同州有不同的尝试。但近些年来，法院连续否决了与进化论大相径庭的公立学校课程。例如，1987 年美国最高法院判定路易斯安那州要求公立学校既教授进化论又教授神创论的行为违背了宪法。

美国所有宗教团体中，福音派新教徒最为可能拒绝进化论

根据皮尤研究中心关于美国人宗教信仰的调查，57% 的福音派称人类和其他生物一直以现有形式存在。约有一半的摩门教徒及 3/4 的耶和华见证人教也拒绝进化论。与此相对，约 30% 的主流清教徒、29% 的天主教徒、16% 的犹太教徒及 15% 的无宗教信仰者持类似观点。

大部分美国人认为科学与宗教信仰相冲突

59% 的美国人认为科学和宗教信仰通常是相互冲突的，而经常参加宗教仪式的人更不倾向于觉察信仰与科学之间的冲突。皮尤研究中心 2015 年的一项调查发现，在那些至少每周去一次教堂的人中间，50% 的人认为宗教信仰与科学相冲突，很少或从不去教堂的人群中持类似观点的有 73%。同时，68% 的人认为自己的宗教信仰与广泛接受的科学教义不冲突。

相比美国，其他国家有更多人拒绝进化论

比如在拉美，厄瓜多尔、尼加拉瓜、多米尼加等多国有超过 40% 的人认为人类和其他生物一直以现有形态存在，而这些地方的主要宗教——天主教——并不拒绝进化论。同时，尽管阿富汗、印度尼西亚、伊拉克等大部分国家的穆斯林信徒拒绝进化论，很多穆斯林国家在这些问题上存在分歧。

大多美国人认为儿童接种疫苗利大于弊

谭语 / 编译

编者按：

大部分美国人支持公立学校学生注射麻疹、腮腺炎、风疹疫苗保护公众健康

的要求。他们认为这些疫苗可以带来很大的健康防护效益，副作用很小，接种疫苗利大于弊。

公众对于疫苗的疑虑存在已久，这种疑虑通常都与20年前的一篇研究论文有关。其中提出麻疹、腮腺炎、风疹疫苗和儿童自闭症可能存在联系。现在论文已被证实结果不可靠，且被撤稿。然而，尽管美国疾病预防控制中心、美国儿科学会及其他科学组织都确认疫苗的安全性，强调其不会引发自闭症，仍然有很多人对儿童疫苗的安全性存在担忧。美国现任总统特朗普在参选时也不断质疑疫苗安全性，并邀请疫苗质疑者罗伯特·肯尼迪（Robert Kennedy）加入"疫苗安全委员会计划"。

不过，皮尤研究中心在此次总统大选前的一项调查发现，特朗普及一些公众人物的疫苗质疑论与大部分美国人的看法并不一致。2016年5月10日—6月6日，皮尤研究中心从全美范围内选取1549名成年人作为样本进行调查。调查发现，82%的美国人支持所有健康的适龄儿童接种麻疹、腮腺炎及风疹疫苗（简称麻腮风疫苗）。73%的美国人认为麻腮风疫苗有很大健康防护效益，66%的美国人认为疫苗的副作用很小。总体而言，88%的美国人认为疫苗接种利大于弊。

孩子年龄、种族及健康行为等因素影响对疫苗接种的看法

然而，也有一些群体对麻腮风疫苗的安全隐患有更多担忧，尤其是0—4岁即将面临或刚接种这三种疫苗孩子的父母。他们中只有60%的人认为麻腮风疫苗有较大的健康防护效果，这个比例低于5—17岁孩子家长的75%及没有18岁以下孩子父母的76%；0—4岁孩子的家长中52%认为接种麻腮风疫苗的风险小，43%认为有中度甚至更高风险，高于其他人群的70%和29%。

此外，比起其他美国人，黑人更倾向于认为麻腮风疫苗接种副作用更高，效益更低。同时，30岁以下的成年美国人也更倾向于质疑麻腮风疫苗接种的健康效益。人们对于传统药物及替代疗法的使用也与他们对疫苗接种的看法有关。那些声称从不服用抗感冒药物的人群，及使用替代疗法的人更倾向认为麻腮风疫苗有更高风险。

科学素养更低的人群也更倾向于质疑疫苗接种的健康效益（只有55%的认为有效，远远低于高科学素养人群的91%）。他们也更倾向于认为副作用更大

（47% 的认为疫苗接种有中度甚至更糟糕的副作用，远远高于高科学素养人群的 19%）。同时，68% 不能准确理解"群体免疫力"的人群，也更不可能认可麻腮风疫苗的健康效益，在他们看来，疫苗风险更高。

然而，不管孩子多大，也不管是何种族、对替代疗法有何使用经验，公众对于儿童疫苗相关的医学家及其科学研究的看法总体都比较积极。71% 的美国成年人认为医学家应该在儿童疫苗接种的决策过程中发挥主要作用，55% 的人称信任医学科学家提供的关于疫苗安全性的信息。与此同时，他们在这个议题上对其他人群的信任更少。例如，只有 13% 的人信任医药企业提供的信息。高科学素养的人群尤其信任医学家及其对于儿童疫苗的研究，而 18—29 岁的年轻人比长者更为质疑医学家及其研究。

没有明显党派、宗教差异

至于党派，此次调查与 2015 年的调查大体一致，共和党人和民主党人对于麻腮风疫苗效益和风险的看法基本一致，对于学校适龄儿童接种疫苗要求的支持率也差不多。不过，虽然所有意识形态群体都支持公立学校适龄儿童接种麻腮风疫苗，比起温和派和自由派，政治保守派更倾向于认为应该由家长决定是否让其孩子接种疫苗。

福音派白人新教徒和没有宗教信仰的人稍微偏向于支持由父母决定是否为其孩子接种麻腮风疫苗，而非强制要求。不过总体而言，大部分宗教群体都认为所有适龄的健康儿童都应接种麻腮风疫苗。

美高三学生：
种族和族群不同，对科学兴趣亦有所不同

张玥 / 编译

皮尤研究中心近日发布的《2015 美国国家教育进展评估（NAEP）》的分

析结果显示，在美国，大部分高三学生表示他们喜欢科学，大约有 2/5（44%）的学生表示愿意从事该领域的工作。

报告显示，尽管绝大多数高三学生喜欢科学，他们对该领域观点存在种族和族群差异。12 年级学生（相当于高中三年级）中表示他们"强烈赞同"或"赞同"以下观点的比例为：

然而，值得注意的是，这些高三学生在该问题上的态度似乎存在着种族和族群上的差异——这种种族和族群的差异模式在美国学生的科学测试成绩中也有所体现。

总体而言，71% 的高三年级学生同意这一陈述——"我喜欢科学"。尽管在所有主要的种族和族群中，多数学生都表示他们喜欢科学，但仔细看来也能发现其中所存在的差异。数据显示，在受调查的高三学生中，亚裔和太平洋岛裔学生是表达这一观点最多的族裔，而黑人学生则最少。

认为"我喜欢科学"——	
亚太裔学生	23% 强烈赞同，55% 赞同
白人学生	23% 强烈赞同，50% 赞同
西班牙裔学生	16% 强烈赞同，54% 赞同
黑人学生	16% 强烈赞同，46% 赞同

认为"我想要找能够使用科学的工作"——	
亚太裔学生	24% 强烈赞同，35% 赞同
白人学生	19% 强烈赞同，26% 赞同
西班牙裔学生	14% 强烈赞同，26% 赞同
黑人学生	15% 强烈赞同，24% 赞同

认为"我需要在科学上表现良好以获得我想要的工作"——	
亚太裔学生	32% 强烈赞同，32% 赞同
白人学生	22% 强烈赞同，24% 赞同
西班牙裔学生	18% 强烈赞同，24% 赞同
黑人学生	24% 强烈赞同，24% 赞同

注意：白人、黑人和亚太裔仅包括非西班牙裔。太平洋岛裔包括夏威夷原著民。

当高三年级的学生被问到"是否想要从事科学类工作"的时候，也出现了类似的种族和族群差异。其中，60% 的亚裔和太平洋岛裔高三学生表示，他们愿意从事与科学相关的工作，64% 表示，他们必须要在该领域学科中表现良好，以获得他们想要的这种工作。

相较而言，45% 的白人学生、40% 的西班牙裔学生和 39% 的黑人学生表示他们想要寻找与科学相关的工作。而且在这几个族裔中，同意"他们需要在科学学习上表现良好才能获得他们想要的此类工作"的学生均不超过半数。

种族差异造成职业差异

让我们再来看，究竟美国学生（不只是高三学生）在科学学习上的进展如何？近期的研究为人们绘制了一幅较为复杂的图景。例如，根据 NAEP 的结果显示，4 年级和 8 年级的学生自 2009 年开始就在科学学习上取得了一定的进展；但是在 12 年级的学生中，测试成绩却停滞不前。而且，尽管有些种族和族群的表现差异逐渐有所缩小，但是黑人学生和西班牙裔学生的测试成绩仍然远低于亚裔、太平洋岛裔和白人的同级学生（不管年级水平如何）。

在最近几年，人们开始越来越关注存在于科学、技术、工程和数学（STEM）领域的种族和性别差异。而且有些产业（例如技术产业和医学产业）已经开始公开地寻找方法以期能够充实他们的队伍，使人员构成更多元化。

有些专家通过追踪注意到，在科学、技术、工程和数学专业领域工作的黑人和西班牙裔相对较少，这是由于他们在早年时期所产生的差异。而且 NAEP 的数据也显示，选择科学职业的愿望所存在的种族和族群差异，可能早在高中时期甚至更早的时候就已经出现了。例如，只有约 1/3（37%）的 8 年级黑人学生表示他们想要寻找一份与科学相关的工作，相较而言，44% 的白人学生和 55% 的亚裔和太平洋岛裔有同样的想法。

值得注意的是，学生对于科学的喜爱可以受到很多因素的影响，而这些因素通常是与种族和族群相互关联的。

数据显示，表示对科学有更大兴趣的学生和表示想要寻找科学类工作的学生，往往会在科学学习上取得更好的成绩。同时，家长的参与以及家长的受教育程度可能与学生在科学评估上的表现存在着一定的相关性。而且，进阶的高级科学课程和社会经济因素，也可能会在培养学生的科学兴趣和理解上发挥一定的作用。

反伪破迷

人们为何轻信谣言

李立 / 编译

　　即将卸任的美国总统奥巴马认为，虚假新闻已成为当今民主的一大威胁，并为经媒体精心包装呈现给公众的虚假新闻而感到担忧。他在一次访德会议上坦言："若人们毫不关心新闻事件的真假，也无法分辨严肃政论或政治宣传，后果将不堪设想。"

　　但问题是，我们到底该如何辨别新闻事实、合理辩论抑或政治宣传？自英国脱欧及特朗普当选美国下届总统，已有不少新闻人开始讨论社会媒体的效用及虚假新闻对政治演说、民主运作及新闻工作的影响。尽管人们可从现有的研究中得到启发，有关该议题的社会科学研究却尚未开展。

信任危机

　　广义的"虚假新闻"，一般指通过媒介传播的不实消息，通常服务于某些公众人物，因而虚假新闻也时常被称为"政治宣传"。目前学术界对政治宣传已有不少研究，并对各类民主及独裁政权采取的政治宣传之由来、影响等方面都做出了相关分析。

　　美国及意大利的调查显示，虚假新闻的一大源头来自俄罗斯，而英国的一家名为"全事实"（Full Fact）的网站也正致力于调查媒体对新闻事实的监管程度。从这些调查来看，目前已可得出的结论是：主流媒体的可信度已大大降低，人们很难分辨这些媒体是坚守新闻报道的真实性，抑或是毫无道德底线。这些带有政治偏见的主流媒体是如何占领了道德高地？这个问题显然是早于数字化媒体的产生就已存在。

宣传泡沫及回响

　　接下来的问题是，社会媒体的加入有无继续恶化这一现状？有关社会媒体的泡沫问题已有人讨论过，即我们该如何与我们持有相同观点的人对话，这同样不是一个局限在数字化时代的问题。

近期在英国开展的一项有关社会阶层的研究表示，新闻泡沫是特定社会阶层和文化地位的产物。研究表明，尽管享有较高社会地位的人群更易聚集在一起，但他们对于网络媒体的选择面却多于低收入人群。他们在对媒体的态度，特别是网络的使用方式上也体现出极大差异。这就表明，新闻泡沫并非总是以同一形态呈现，线上泡沫在某种程度上也即线下泡沫的直接体现。

媒体泡沫对政治新闻的影响是至关重要的，最著名的推特泡沫就是围绕政治家和记者为重点展开的。这就回到了过去媒体的两步走模式，即社会网络中的关键节点——话题人物，对于媒体的消费起着重要的作用。对虚假新闻故事的调查，所针对的也不是社会媒体本身，而是研究这些经媒体传播的新闻故事是如何被主流媒体所选中，有着众多粉丝的公众人物又是如何成为焦点。

例如，一条在个人推特上出现的假消息，也会在短时间内被多家媒体追加推送，让观众信以为真，这让人不得不担忧虚假新闻的传播速度。

披露虚假新闻

到底是什么助燃了虚假新闻的传播，我们又该如何应对？首先，社会媒体对新颖、快速和可共享的谣言的青睐，是与这些假新闻背后的经济效益密切挂钩的。有证据显示，带有偏见的虚假新闻更易受到人们的关注，且能给造谣者带来更大效益，名人杂志也不例外。相反，经仔细调查和深入研究的真实新闻往往无人问津。

其次，如奥巴马所示的，现在的人们越来越难分辨事实和谣言，甚至是不愿去做出辨别。我和同事在 20 年前就讨论过，数字媒体让人们很难分辨新闻的真实性，网上的新闻更是难以辨别真假。

再次，要彻底杜绝虚假新闻从目前的技术支持上看是很困难的。尽管网络新闻可以被撤销，却不如报纸上的某段被删节的报道来得更有影响力。要想引起反响，最好的方法不是将整篇报道删除，而是标亮伪造部分以示公众。

所以无论虚假新闻是否是数字化媒体时代的产物，社会媒体都不置可否地加剧了虚假新闻的传播。在经济效益的导向下，媒体人对新闻传播量的重视已经超过了新闻的真实性，散播的力度也远远超过撤销的速度。这一趋势无关操作技术，而是来自媒体人和新闻监制的一种主观选择。主流媒体若选择继续制造虚假新闻，无疑是为自己抹黑，也为更多谣言敞开大门。

了解这些因素是开展虚假新闻之社会科学研究的必要。或许，我们作为社会人首先应该质疑的是，我们有无教会人们如何去阅读，有无自觉地去规范社会媒体。扪心自问，我们在发布一条新闻时，又有无再三确认其真实性？

人们为何要撒谎：精神病学的解释

杨岭楠 / 编译

非真相一定是谎言吗？

首先，我们需要对伦理学家和哲学家常常强调的概念——谎言和谬误进行区分。当一个人故意扭曲他得知的真相，就是在说谎，他的目的是为了保护个人的利益。相对比而言，有人发表了一个错误的观点，但是其主观动机并非想撒谎，可能只是不知真相，或拒绝相信现有的最佳证据。因此，这并非撒谎，而是在表达谬误的观点。

有些表达谬误观点的人，可能不具备区分真实和非真实，或者真相和谎言的能力，但是他们深信自己的世界观无比正确。我们正好以此为契机，进入精神病学的世界进行了解。

在临床精神病学上，我们可以发现病人的想法差异呈现出很广的范围，这些想法在很多人看来都是离奇的、夸张的，甚至与现实明显相悖。临床医生的工作职责首先就是与病人产生共情，尝试从病人的角度理解这些观念，将病人的文化、族群和宗教背景因素谨慎地考虑进去。

有时临床医生可能会受第一印象的严重误导。曾有一个病例可佐证，一位病人异常焦虑，他坚称自己被美国联邦调查局（FBI）跟踪并骚扰，于是入院。但入院仅几天时间，联邦调查局人员就找上门来，逮捕了这位病人。正好应了一个家喻户晓的英语笑话，并不能仅仅因为你疯了，就说明他们没盯着你。

本身观念错误的人

对现实的扭曲程度可以看作一个连续体内不同程度的分布，如果按照人们对某观点的相信程度和所持观点对实际信息的免疫程度来看，从轻微到严重，都有呈现。从轻微角度看，精神病学家称其为过分强调的观点。这些观点与大多数人在自己的文化背景中相信的观念相悖，非常顽固地存在着，但是又不能判定它们怪诞、不可理喻甚至完全不可能。例如，人们十分相信疫苗可以导致自闭症，这一观点可以定义为一个过分强调的观点：在科学角度上，它不是准确的，但又不是绝对不可能的。

从严重程度来看，它属于妄想。它完全不会因为真实的信息所改变，被深信不疑，不可撼动，但显然又是错误的、不可能的。如果病人坚信普京亲自在他的大脑里植入电极，控制他的思想，这可以定义为妄想症。当病人表达这一观点时，他/她并非在说谎，或者试图欺骗听话者。这一观点在病人心中是真心相信的，但它依然是谬误的。

不同形式的谬误观点可以从不同类型的神经精神病学紊乱患者口里说出来，也有可能是完全正常的人说出来的。如果在正常谬误范围内，称为错误记忆，很多人都经常有这种经历。例如，你会拍着胸脯打保票说，已经把支票付给电力公司了，但其实你并没有做这件事。

据社会学家茱莉亚·肖（Julia Shaw）观察，错误的记忆"像任何其他的记忆一样，具有同样的属性，与实际发生过的事件的记忆无法区分。"所以当你向伴侣保证，"肯定交过电费了"，你并没有说谎，只是被自己的大脑欺骗了。

错误记忆中还有一种类型，更为严重。它通常会涉及一个虚构的过程：自发制造错误记忆，而且记忆通常具有非常详细的特征。有些虚构的记忆很单调，有些则会很离奇。例如，病人会信誓旦旦地说，早餐在丽兹饭店吃了班尼迪克蛋，尽管这件事完全没有发生。或者，病人会详细地讲述其受过的一次折磨（虚幻的）。虚构常常在大脑受到严重损伤的情况下发生，可能由中风或者大脑血管爆裂引起。

自带撒谎特质的人

还有一种伪造故事的现象叫作病理说谎，它比较夸张点的科学名称是幻想性谎言癖（PF, pseudologia fantastica）。在精神病学年报中，拉玛·罗·乔治内尼博士（Rama Rao Gogeneni）和托马斯·纽马克（Thomas Newmark）列出了幻想性谎言癖的几个特征：

撒谎趋势很明显，常作为自我辩护手段，目的是避免后果的产生。说谎者可能还会从编造故事的过程获得心理很"嗨"的快感。

　　谎言尽管可能包含真实成分，但却非常华丽或者荒诞。通常，这类谎言会获得公众的大量关注。

　　谎言给说谎者制造了正面的光环，这可以体现出其潜在的性格特点，比如病理性自恋。幻想性谎言癖患者的谎言通常已经超越自恋者故事的可信程度。

　　尽管幻想性谎言癖的精确病因还未可知，但部分数据表明大脑中白质发生异常，层层神经纤维被一个隔绝的保护层——髓磷脂所包围。精神分析学家海伦·德琪（Helene Deutsch）提出，幻想性谎言癖源于心理方面的原因，比如需要提升个人的自尊，确保他人对自己的仰慕或者将自己描画成英雄或受害者。

谁会在乎真相？

　　当然，所有这一切都是建立在对"现实"和"真理"的共识，而且大部分人都希望自己能够建立真理。但是这一推断在"后真相时代"显得越来越可疑。美国公共廉政中心的建立者查尔斯·路易斯（Charles Lewis）将我们的时代描述成一个"黑白颠倒，一切成疑，万事皆假"的时代。

　　更令人担忧的是，大众似乎更喜欢谬误。美国作家亚当·基尔希（Adam Kirsch）近来提出，"好像越来越多的人喜欢被谎言蒙蔽"。基尔希说，谎言具有诱惑性，"它给说谎者和观众营造了一种魔幻的氛围，允许二者在这样的氛围下互相合作，改变了现实的本性。"

　　当现实转换成虚假，无论在政治背景还是科学背景下发生，都很难逆转。英国作家乔纳森·斯威夫特（Jonathan Swift）曾言："谬误横飞，真理却在后面跛行"。

　　精神病学家无法对公众人物的心理健康发表意见，因为他们并没有当面对其进行过评估，而且他们也无法对政治领袖有时宣称的谬误观点进行评价。"金水法则"（Goldwater Rule，美国心理协会《APA 道德原则》7.3 章节规定：在没有直接对病人进行诊断、未获得病人本人或其法定监护人允许的情况下，职业心理医师不能对病人的情况发表专业评论）也不允许他们这样做。然而，精神病学家十分清楚人性的需求——对令人不悦的真相进行躲避或者歪曲。或许，无论是病人还是健康人——都像心理分析学的研究成果一样——总是承受不了太多现实。

令人难以置信的新闻？再次阅读，你可能会信以为真

陈睿博 / 编译

心理学研究表明，反复接触虚假信息可以改变人们的信仰。这种现象被称为"虚幻真理效应"。这种效应会影响我们所有人，包括知道真相的人。例如，即使人们知道教皇弗朗西斯没有做出具体支持哪位总统候选人的举动，当他们多次看到诸如《教皇弗朗西斯发布令世界震惊的消息，支持特朗普竞选美国总统》这类的虚假报道时，也很容易相信"教皇支持特朗普"这样一个标题。

重复导致信任

人们认为他们听到两次的新闻比只听到一次的新闻更真实。也就是说，只是简单地重复了错误的信息便使它看起来更真实。

在一项典型的研究中，让参与者阅读了一系列真实的报道（"法国号角球员获得现金奖励留在美国部队"）和虚假的报道（"扎卡里·泰勒是第一任在任期死亡的总统"），调查他们认为哪个报道更有趣。然后，让他们接触大量的报道，要求他们评价每个报道的真实度。接下来的试验采用的报道包括以上试验的报道和新增加的一些报道，包括正确的和错误的。结果是：参与者可靠地将重复的报道评级为比新增的报道更真实。

最近的一项研究中，研究人员发现，这种效果不仅对不清楚或没有听说过的报道适用，如关于法国号角球员和扎克里·泰勒的报道，而且对已知的报道也是适用的。更加有趣的是重复可以强化与参与者先验知识相矛盾报道的信任。

例如，即使在能够识别苏格兰裙是苏格兰男士穿着的人中，"莎丽（印度服饰）是苏格兰男士穿的裙子"这句话与初次阅读相比，在被阅读两次的时候被评为更真实。在六点量表上，当已知的虚假新闻重复之后，参与者的真实度评级增加了半个点。对评为虚假的叙述重复后再次要求参与者评价，参与者变得不太确定，将这些叙述评为"可能是假的"，相比而言而不是"肯定是假的"。

这意味着拥有相关的先验知识并不能保证人们免受虚幻真理效应的影响。重复的信息感觉更加真实，即使它与你的已知相悖。

揭穿让事情变得更糟

脸书正在寻找在网站上打击虚假新闻的方法，但是当前提出的一些方法不太可能解决这个问题。脸书创始人扎克伯格在脸书发帖称，该网站正在考虑在那些已经被认定为虚假报道上标记警告消息。虽然这似乎是一个常识性的建议，或许有助于减少虚假报道的传播，但是心理研究表明，它几乎无法阻止人们相信文章是真实的。

人们往往记住虚假信息，但忘记它被标记为虚假。2011年进行了一项有趣的研究，给参与者一些陈述，这些陈述有的是"可靠"的，有的是"不可靠"的。两个星期后，在上面可靠和不可靠陈述的基础上新增加了一些陈述，要求参与者评价这些陈述的真实性。结果表明参与者倾向于将重复的陈述评为更真实，即使它们最初被标记为不可靠。

这也适用于虚假的公开报道。即使是以揭穿为重点的标题，例如，CNN的报道《特朗普谎称数百万非法选民浪费了他的普选投票》，这增加了特朗普选民增多的假象。

纠正于事无补

当媒体发布包含错误事实的文章或可以断言以后肯定能证明是错误的文章时，他们可以在打印时更正或直接撤销。但是，人们事先形成强烈的偏见时，事后更新往往对他们的信任没有影响，即使他们清楚地记得信息已经被撤回。

第二次伊拉克战争的早期，许多新闻事件最初被认为是真实的，但随后被撤回，例如，包括指控伊拉克人将美国和盟军士兵虏为战俘，然后违反《日内瓦公约》予以处决。

2005年，认知心理学家斯蒂芬·莱万多夫斯基（Stephan Lewandowsky）进行了一项研究，他提供给一些美国人和德国人关于战争期间各种新闻事件的叙述。一些叙述是真实的，但后来被撤回；还有一些本身就是假的，但参与者对此并不知情。

然后要求参与者评价他们是否记住了新闻事件，他们认为叙述是真实的还是假的，以及信息是否在首次发布后被撤回。还向参与者询问，他们中多少人同意关于伊拉克战争原因的官方声明。

记得被撤回报告内容和记得撤回这件事的美国人仍然将这些项目评为与没有撤回的准确报道一样真实。德国参与者将撤回的事件评为不真实，在回答研究中的其他问题时，相比德国人来说，美国人显示自己不太怀疑官方的战争理由。

研究人员得出结论，德国人的怀疑使他们更可能在信息撤回时动摇他们的信任。美国人更有可能相信战争是正当的，不太可能因为撤回新信息的发布改变他们对此的信任。

这项研究表明，希拉里支持者倾向于怀疑有关特朗普的正面信息，可能会认为教皇支持特朗普的报道是假的，并且对该报道的真实性大打折扣。相比之下，特朗普的支持者会对特朗普留下一个更为积极的印象，即使他们知道这个报道是假的。

目前，没有一个解决虚假新闻问题的简单方法。但是，很明显这已经成为一个问题，接触虚假的新闻报道会影响读者的信任和意见。简单地将信息标记为假，不太可能减弱这种影响。

真正的解决方案应当是以有效的方式限制这些假报道的传播，避免人们看到它。应首先检查报道的来源，而不是在社交媒体上分享不可靠的报道，即便这些报道肯定了我们的想法。

网络谣言你信了吗

牟庆璇 / 编译

谣言是一只凭着推测、猜疑和臆度吹响的笛子，它会把人们所恐惧的敌方军力增加一倍，正像回声会把一句话化成两句话一样。

——莎士比亚

在 2016 年美国总统大选的时候，社交媒体上假消息的传播引起了多方关注。舆论认为"脸书"在美国大选中存有倾向和偏见，并因此误导信息传播。脸书的创始人兼首席执行官马克·扎克伯格（Mark Elliot Zuckerberg）近期表示，要采取措施防止流言的传播。公众认为美国总统选举期间谣言激增，促使脸书这样的社交平台"整改"。

要说起传播假消息，没有哪一个网站或者社交平台能够比得上"洋葱"（The Onion）。洋葱网站一直以来以传播讽刺性的假消息被人熟知。像这种讽刺性的假消息最能吸引观众眼球，"周六夜现场"（Saturday Night Live）和"每日秀"（The Daily Show）喜欢选择这种套路增加收视率。

社交媒体的出现，最初也是希望能够传播正面的、正式的信息。皮尤研究中心（Pew Research Center）报道称"脸书已经成为最受欢迎的社交平台，超过62% 的美国成年人在脸书上获取消息"。当人们在社交媒体上看到假消息时，他们可能认为这些消息是真实的。

谷歌和脸书在近期都发表声明表示会采取措施严查平台上的虚假消息。最近，有一个由高校大学生组成的团队发明了一个浏览器插件 FiB，它可以用来帮助脸书用户区分信息的真假。但是，仅仅是凭借以上的这些措施是不足以遏制住谣言的传播。

在网络虚拟世界中，虚假信息可以通过文字和图片的方式传播，公众真的对辨别虚假信息做好准备了吗？

纽约州立大学学术副教务长（Vice Provost for Academic Programs, SUNY Empire State College）托马斯·麦基（Thomas Mackey）等一些研究信息科学的学者发表声明称"现今社会信息纷繁复杂，传统素养（Traditional literacy）和信息素养（Information lieracy）是远远不够的"。因为，"传统素养重视读写能力，信息素养重视搜寻和检索信息能力"，这些不足以帮助公众辨别信息的真实性，公众需要元素养（Metaliteracy）——能够明确社交网络中大量信息的真实性的能力。

电子科技助力谣言传播

现在，学生是最流行的科技配件和社交平台的主要受众。然而，他们对于这些电子商品和社交网络中信息没有很好的辨别能力。

斯坦福大学的学者通过研究发现，尽管年轻人是在这种信息传播便捷的电子时代长大，可以称他们为电子一代（Digital natives），但是他们在浏览社交媒体中的信息时，还是会经常被内容引导上当受骗。这些学者还说，学生们的天真程度令人震惊。他们还表示希望老师和政府能够建立公民身份和数字化素养之间的联系。

现在社会中传播的信息都不会用传统的编辑机制进行筛选。同时，信息的形式各式各样，如电子图像、多媒体、博客和维基百科等。但是这些媒介或者平台传播的信息的真实性却不能保证。

信息真实性的问题由来已久。例如，在 2005 年就有一起关于政治人物的谣言流传甚广。这则消息的核心人物是约翰·席根塔勒（John Seigenthaler Sr.），他被维基百科上的一位匿名作者暗指与约翰·肯尼迪（John F. Kennedy）总统和鲍比·肯尼迪（Bobby Kennedy）的暗杀有关。席根塔勒站出来挑战这则谣言的真实性，最终证明了他的清白。这些年，一些类似的恶作剧在维基百科上时有发生，这也显示出在网络上传播一条虚假消息是多么的简单。

真实检索（Fact Check.org）是一个监督主要美国政府官员话语准确性的网站。在 2007 年，美国众议院民主党领袖南希·佩洛西（Nancy Pelosi）身陷谣言中。公众被谣言误导，认为佩洛西提出了对退休金等基金征税来帮助非法移民和少数族裔。真实检索网站敦促公众在处理这类问题时能够有自己的看法，提出一些关键问题，而不是被谣言所误导。在 2016 年，该网站推行了一系列措施促进公众对网络信息的批判性思维。

掌握元素养

电子素养提供了对电子技术的熟练应用，然而元素养强调的是人们要对事情有自己的思考。具有元素养的人们可以以自我的思想或者信仰处理信息，判断其真伪。

要想掌握元素养，首先，最重要的是先对信息的来源提出质疑。例如，掌握元素养的人们会仔细区分各式各样的网站和媒介，包括官方网站（如纽约时报和美联社）和非官方平台（博客、推特等）。他们会质疑来自这些网站或者社交媒介的信息的可靠性，他们既不会盲目的相信官方网站的信息，也不会偏信某一博客大 V 发出的帖子。在电视新闻频道，如美国有线电视新闻网（CNN）或者福克斯新闻（FOX News）发布的信息在他们看来有可能和博客帖子一样不准确。

其次，掌握元素养的人们能够敏锐地感知自己在阅读这些信息时的感觉。当人们碰上和自己信仰一致的事情时，一般不会对其深究。换言之，当人们不认同某一信息时，一般都更倾向于探究其真相。考虑自己的思想能够提醒人们，在做出判断时需要超越自己的感觉，掌控自己的认知能力。掌握元素养的人们习惯去思考，不管他们是否相信这件事情或者信息。

假设不能验证信息的真伪

元素养可以帮助人们理解信息来源，分清楚信息来自于研究结果还是经过编辑的评论，区分官方消息和小道消息的可信度，不轻易盲信别人的评论。就像当人们在阅读一则新闻的时候，如果能够仔细思考，就会不断否定自己的假设，寻找其他的资源来验证信息的真伪。

艾瑞克·塔克（Eric Tucker）是得克萨斯州（Texas）奥斯汀市（Austin）一家营销公司的联合创始人，他今年已经 35 岁，但是近期在推特上发表了一篇幼稚的文章，声称反对特朗普的抗议者有组织地去参加了特朗普的集会。尽管他的推特上只有 40 个粉丝，但是这种阴谋论在网络上传播开来，成千上万的推特用户都相信了这条消息。类似的情况在社交网络上层出不穷。

这个例子也反映出了在社交网络上信息有广泛的受众，虚假消息传播迅速。当人们看到一则消息既有文字又有图片时，已经开始相信它了。同时，也显示出对于社交媒介上的信息人们不能提出关键问题，也不能够对待信息有自己的想法。换句话说，尽管社交网络上传播着纷繁多样的信息，但谁也不能保证它就是真的。

"火眼金睛"辨真伪

元素养强调的另一个方面就是信息是如何在网络上进行修饰和传播的。信息的修饰可以有多种形式。首先就是媒介经常选用的方法，在文字的基础上添加图片、视频、动画和插画等。其次就是从公众的心理出发，看上去很专业的内容一般更会得到读者的认可。

社交媒介的流行使得信息传播越来越便捷，五花八门的信息满天飞。每个人都可以拍照发微博，也可以在朋友圈抒发情感，电子科技的发展促进了信息的传播，公众自身都是信息制造者。

但同样的素材可故意设计成吸引人的特性，用于传播虚假信息。元素养可以帮助人们学会区分官方消息和小道信息来源。

掌握元素养的人们学会去验证修饰后的信息内容，去确认信息是不是真的像看起来那样专业和准确。即时信息网（www.realnewsrightnow.com）就是一个典型的例子，它不像名字看起来那么真实，它往往会用一些吸引人的标题传播虚假消息。公众要学会鉴别网站内容的真伪，只有读者的内心有意识地去区分，才不会被谣言蒙蔽。

做一个有责任心的公民

由于社交媒体是互动和协作性质的，元素养学习者必须有负责任的贡献精神。元素养促使人们在分享信息时有道德考虑，如信息必须准确等。但这还是不够的。元素养对每个人在精神和情感层面有潜在影响，使他们在参与信息传播时能够做到不发布谣言。他们认为自己在公共空间有责任做到公平和公正。

元素养能够普及吗？学校要起到自身的责任，一切从娃娃抓起，在日常教育中，学生学会对信息有辨别能力，不利用电子科技传播谣言。学生应当明确当他们在发推特、博客、脸书或者回复别人的帖子的时候，所说的话全部都是真实的。

当社交媒介使每个人都可以在网络上发表言论时，有一个缺点也不容忽视，即虚假信息和虚假新闻故事的共享从根本上改变现实的表象。

同行评审：伪科学的过滤网

黄森 / 编译

同行评审的现状

医学博士、英国医学杂志前编辑理查德·史密斯（Richard Smith）认为，民主与科学界的同行评审都存在一些共性：这些机制存在各种问题，但至少目前不可或缺。

学术出版社威利（Wiley，1807 年创立于美国的一个数据库，是世界上历史最悠久、最知名的学术出版商之一）声称：同行评审旨在评估文章的质量、有效性和原创性。其最终目的是通过对无效或质量低劣的研究予以过滤，来保持科学的完整性。

另一家出版机构——斯普林格（Springer），将同行评审描述为：对于期刊来说，同行评审就像知识的守门员一样，因为它们对论文进行客观的评估，来确定它们是否有用到了需要发表的地步。

近年来，关于同行评审的负面报道屡见报端，在科学界饱受争议。同行评审之所以受到批判，很大程度上取决于它的不透明性：仅仅取决于少数同行的评审观点，这样就很难避免出现"走后门"现象。此外，同行评审很大程度上取决于信任：相信评审人员能够公平并且愿意花费足够的时间进行批判性评价。而在这个学者过度劳累的时代，"充足的时间"对科学家来说似乎成了奢侈品。

同行评审是目前可用的"最不糟糕"的机制，用于评估学术研究和维护科学的完整性。拥有30年学术界工作经历的南非科学院副院长表示，在这个"假新闻"（fake news）满天飞的年代，同行评审和出版程序可能比以往任何时候都重要。在这个充满伪科学的世界中，由同行科学家对出版物进行彻底的审查至关重要。

科学真理需建立在重复实验上

1912年的"皮尔当人"（Piltdown Man，1912年在英国皮尔当发现的头盖骨，当时认为是史前人类的化石，1953年经鉴定为伪造。）是一起典型的学术造假案例，来自英国考古遗址的骨头碎片被当为人类祖先化石。据称，在英国发现史前人类化石曾让当时的英国和欧洲科学家很得意，因为这表明最早的人类起源于欧洲大陆。但多年以来，这份报告一直充满争议。

虽然在1953年时，皮尔当人就被认定为一个巨大骗局，DNA鉴定显示该骨骼由一只猿猴的下颚骨与一颗完全发育的现代人颅骨拼凑而成的赝品的事实直到最近才被报告。

这个案例充分说明了科学出版制度的优缺点。皮尔当人骗局之所以会被出版，因为它符合当时的理论。然而，这份报告却引发了巨大争议，并被重新审查，最终证明是个骗局。

这是对真正的科学是如何工作的进行了解的一个新开端：在报告内容可以被认定为科学事实之前，怎样对研究进行同行评审和评判性审查。

相比于评审人拒绝或接受稿件来说，同行评审系统更为复杂。评审人员经常会提出作者所忽视或不同理解的其他实验。这意味着评审人员很大程度上改进了所进行的研究。

毫无疑问，从更高影响因子期刊所获得的评论更为有用。影响因子是根据某期刊前两年发表的论文在该报告年份中被引用总次数除以该期刊在这两年内发表的论文总数计算出来的。

事实上，在某些情况下，严格的审查将使研究人员重新回到实验室，其结果是进一步夯实了研究。更为惊喜的是，这些审查评论无需付费。因此，世界各地的科学家们都愿意接受这样的审查。

为何需要同行评审？

同行评审如同一张细密的过滤网，质量不高的研究会被拒之门外，被杂志社的编辑或评审人员过滤掉。这意味着科学文献中出现的更有可能是质量上乘的研究。经过同行评审的文献，读者便会知道该研究已经接受过一定程度的批评性审查。

同行评审期刊的编辑和评审人要求具有特定的风格和实验水平，能够使用图、图表、照片、数据统计分析来证实结果，并至少需要进行一次重复实验。

但是，期刊的质量如何衡量呢？

使用谷歌便能搜索到数百种科学期刊。其中不乏只收取出版费，而不提供正规期刊提供的各种编辑和出版服务的期刊。

普通的读者应该查找期刊是由哪个协会、团体或组织出版的，并细心查看编辑委员会。受人尊敬的科学家们不会把自己的名字与他们不尊重的期刊联系起来。每个学科中任何一位受人尊重的科学家都会通过出版物中论文的科学质量来判定哪些是"好的"期刊。

今后，当你在阅读一些有趣的报道或科学新闻时，应该使用互联网来查看这些报道是否符合类似的同行评审文献的支持。至少应该在将这些报道分享到朋友圈前予以甄别。

或许在未来会出现更为完美的出版审查机制，但目前来说，同行评审和随后的重复实验出版流程是证明研究结果是否可靠的唯一有效手段。类似于民主机制，我们需要充分了解同行评审的优缺点。

破解早期美国人关于日月食的迷信思想

谭语 / 编译

2017 年 8 月 21 日，美国上演超级日全食，引发关注与热议。此次日全食自 1918 年以来首次横跨美国 14 个州，从美国西北岸的俄勒冈州到东南岸的南卡罗来纳州，白日在短短几分钟内变为黑夜。

然而，这种天文奇观在百年前曾引发许多迷信思想，很多中国老百姓将日月食视为"不祥之兆"。在美国也存在类似迷信，如日全食是世界末日预言等。美国政治家、物理学家本杰明·富兰克林（Benjamin Franklin）是破解类似封建迷信的先驱之一。

刚 20 出头时，出生在仍是殖民地的美国的富兰克林就已经在伦敦做了两年的印刷工。他富有好奇心，善于言辞，向往掌握宇宙世界。1726 年，他经海路返回费城，并在返回的海路上记录了很多关于自然世界的观察。

在 1726 年 9 月 14 日，一个平静的下午，富兰克林写道：

"当我们正在甲板上玩跳棋的时候，我们惊奇地发现太阳突然出现极不寻常的黑暗，我们看到太阳上覆盖着一片小小的薄云，当薄云移开，我们发现太阳在一大片缺口下艰难地散发耀眼的光芒，至少有 5/6 的太阳已经被隐藏，我们知道很快整个太阳都将变暗。"

日全食并非稀罕之事，平均每隔 18 个月地球上就有地方可以观测到日全食。富兰克林和他的船友们之前极有可能都见过日全食，而这次的不同之处在于他们对于日食的起因及准确预见的可能性有了全新的理解。

早期的欧洲人用迷信、魔法的方式来解读日月食，将其解读为上天通过宇宙来发送某种信息。而出身于质疑超自然读物时代的富兰克林，通过他自己的年鉴传播现代天文科学观，尝试将人们从封建迷信及占星术中解放出来。

现代天文学超越神坛

古人认为宇宙围绕人类而建。数世纪来，人们都信奉克罗狄斯·托勒密（Claudius Ptolemaeus）的地心说，坚信太阳及其他行星都围绕精致的地球转动。

上帝掌管上天的思想非常古老，人们认为他们信奉的神灵主导一切天空发生的事情，因此很多人（包括古时的中国人、埃及人、欧洲人等）都相信他们观测到的天相是未来事件的预言。

也因此，数世纪以来，日食都被认为是人类善恶的预兆，会影响人类生活，包括占星家、魔法家、术士等在内的自称掌握超自然现场的人，可以支配皇帝、宗教领袖及整个人类群体。

生平跨越 15、16 世纪的尼古拉斯·哥白尼（Nicholas Copernicus）用科学方法对太阳系进行更为准确的解读。在他于 1543 年出版的《天体运行论》中，哥白尼指出行星围绕太阳运转。但他也没有完全弄明白，他以为行星的轨道是圆形的，因为上帝在宇宙中设计了完美的圆。行星运行呈椭圆形是后来的发现。

150 年以后，当富兰克林在新英格兰长大的时候，仍有不少人相信地心说，但更多人则通过生活经验发现哥白尼的学说更为可靠。和大多同龄人一样，富兰克林认为解释环境变化原因的科学知识，可以帮助减少人类对于天相预兆的恐惧。

那仍是一个迷惑的年代，但技术进步被用于探索未知，帮忙人类更好地理解自身生存的世界。诸如星盘之类的观测工具，帮助人们观测行星运动，预测日月食等天文事件。

在他早期发表的作品中，富兰克林批评教育为精英阶层独享的理念。他希望将知识传播给普通百姓，使他们不再依靠教会里的道听途说。富兰克林用他自己的年鉴及尖锐的笔锋，帮助读者区分天文事件与占星预测。

旧时的年鉴

16—18 世纪的印刷术是促进信息分享（尤其是年鉴）发展的最大技术创新。

就像今天我们依赖智能手机一样，农民、商人等各式读者深深依赖那些包罗万象的著作。殖民地时期的美国年鉴提供日出日落、潮涨潮落、日月更替、繁星升落、日食月食等的预计时间。更贵的年鉴包含开庭日期、开市日期、不同地方之间的距离等信息。大部分年鉴都提供一些标准信息，如欧洲摄政王朝清单、重要的公历日期。

富兰克林小的时候，年鉴文化主宰新英格兰地区的生活。年鉴是最为广泛购买的印刷品，也是许多印刷工的谋生之道。

年鉴是生钱之道，所以富兰克林在费城开店后改造了自己的版本。虽然费城当时已有其他年鉴制造商，富兰克林志在其中分得最大一杯羹。

富兰克林认为占星预测极为愚蠢，尤其当时对宇宙已有全新的科学发现与认知，不能再像黑暗年代一样占卜未来事件。所以他找到了取笑竞争者的办法，那些人仍在假装可以合法地通过日月食预测未来。

穷查理年鉴

富兰克林通过穷理查的身份，发布了很多格言，如"爱你的敌人吧，因为他们让你知道自己的缺点"。

除了常见信息，富兰克林的穷理查年鉴也提供故事、格言、诗歌，且都以他虚拟的人物理查德·桑德斯（Richard Saunders）为作者讲述。

通过穷理查这一面具，富兰克林可以讽刺那些通过日食预测未来的年鉴制造商。这种讽刺略带冷漠地揭示真相，很有效果。现在的"周六夜现场"（Saturday Night Live）等节目都模仿了这种讽刺手段。

富兰克林紧盯竞争对手，讽刺性地让穷理查预测竞争对手的死期。他打定主意要讽刺那些假装拥有超自然力量的对手们。没有人可以预测人的死期，只有占星术士才会假装认为日月食对人类而言蕴含着某种信息。

1735 年，富兰克林通过穷理查在年鉴中说到："对于今年日月食的重要性我没啥可说的，因为事实上这些日月食确实没那么重要。如果非要我说的话，第一次月食预示着正义的失败。但明年（1736 年）的四次日食和两次月全食，将预示着欧洲的大革命，尤其是德国的。"

当时欧洲革命已经进行得如火如荼，没有人需要依赖占星术来预测革命的到来。富兰克林一次来讽刺那些依赖占星术来预测人类命运的人。

1736 年，富兰克林更进一步，让穷理查解释他对日月食背后科学的解释。关于日食与月食的区别，他说道："月食是普世性的，可以在地球上任意看到月亮的位置观测到，且在不同地方的观测程度都一样。而日食则不能，并非全球任何可以看到太阳的地方都观测到，特定位置看到的日全食，在其他位置观测时只是日偏食，而在另外一些地方甚至完全观测不到，尽管没有任何云或地平线可以阻挡太阳本身的视线。"

富兰克林这么解释的目的只是为了破除关于日月食的迷信，他希望人们可以对宇宙及宇宙中的任何事情越来越有信心，并学会用科学知识而非年鉴制造商的幻想去解读。

预防接种理论：用"失实信息"来对抗失实信息

马明良 / 编译

约翰·库克(John Cook)是美国乔治梅森大学气候变化传播中心的研究助理教授。她长期专注于研究失实信息，并致力于减少失实信息所带来的危害。她说理想状态就是有朝一日失实信息将不复存在，因而也就不再需要她这个职业。

库克坦言最近的一些动向表明要实现这个愿望还任重道远。失实信息、虚假新闻和另类事实(alternative facts)比以往任何时候都更加猖獗。牛津词典还将"后真相"(post-truth)评选为"2016年度英文词汇"。后真相指相对于情感及个人信念，客观事实对形成民意只有相对小的影响。科学和科学证据遭受质疑。

幸运的是，科学借鉴了心理学研究的预防接种理论来保护自己，这一灵感来源于疫苗接种的逻辑：前期接种一剂含有少量"病毒"的疫苗可以帮助接种者抵抗病毒大爆发时的侵袭。库克在她的一项新研究中，尝试让实验对象先接触一些显而易见的失实信息，以让他们对后面真正的失实信息形成"免疫"，实验结果令库克很满意。

失实信息的危害

失实信息正在被大量生成和传播。最近由心理学研究者桑德·范·德·林登(Sander van der Linden)牵头的一项研究比较了反对气候科学的观点以及反对针对气候变化采取措施的政策，结果发现否认科学的趋势在抬头。这一研究也表明这种趋势会对人们的科学认知和科学素质产生较大影响。

研究发现有关气候变化的失实信息对于公众如何看待气候变化有着重大影响。

他们在研究中使用的不实信息是2016年传播最广的一篇气候文章。在这项名为"全球气候变暖请愿计划"(Global Warming Petition Project)的活动中，有3.1万拥有科学学士或更高学位的人士签署了一项声明，宣称人类不会影响气候。这篇声明削弱了人们对科学共识的认知。研究者将人们对于气候变化科学共识的接受程度称为"网关信仰"(gateway belief)，它会影响人们对气候变化以及是否支持对气候变化采取行动的态度。

正当林登在美国进行这项实验时，库克也在澳大利亚研究失实信息的影响。库克所用的材料也恰巧是"全球气候变暖请愿计划"的文章。库克将失实信息逐字逐句展示给实验对象，然后让他们评估人类造成全球变暖这一科学共识，以观测失实信息是否对他们产生影响。

库克发现了相似的结果，失实信息的确削弱了人们对于科学共识的认知。更重要的是，失实信息对某些人的影响要大于其他人。一个人政治上越保守，他受失实信息的影响就越大。

这一发现与其他的研究一起有力地佐证了人们会根据自己既存的信念来解读信息的观点，不论这些信息是真实的还是失实的。当人们看到喜欢的东西时，就很有可能认为它是真实的并进一步强化内心的想法。相反，如果人们遇到和自己信仰相左的信息时，便很有可能去质疑这些信息的来源和可信度。

然而，失实信息的危害远不止如此。除了误导人们之外，失实信息还会带来更危险的潜在影响。在林登的研究中，当人们同时面对事实与失实信息时，人们对气候变化的态度不会有任何变化，因为这两个矛盾的信息会互相排挤，互相质疑。

事实与另类事实就像物质与反物质一样，当它们相遇时，就会爆炸并相互湮灭抵消。这就是失实信息的潜在危害。它不仅误导人们，它还使人们不再相信事实。正如加里·卡斯帕罗夫(GarryKasporov)所说的那样："失实信息消灭了事实。"

科学应对"否认科学"之道

这项研究表明，失实信息对科学的质疑与攻击是强劲的，也是有效的。幸运的是，科学有应对"否认科学"之策。

预防接种理论采用了疫苗接种的理论，并将其应用于知识领域。疫苗接种就是让人体感染弱化病毒，以获得抵抗真正病毒的免疫力。半个世纪的研究发现，当人们接触"弱化的失实信息"时，人们也在逐渐形成对失实信息的免疫力，这样在遇到真正的失实信息时就可以不受其影响。

接种信息需要包含两大元素。首先，需要明确警告人们受失实信息误导的危险。其次，需要提供反驳依据，解释失实信息的漏洞。

在林登的实验中，他明确指出有很多人的签名是假的，并且 3.1 万人只占美国 1970 年以来毕业的科学学生总数的 0.3%。在签名的这些人中，只有不到 1% 的人对气候科学有研究。

库克在她最近的一项研究中采用了不同的方法来验证预防接种理论。她是希望实验者能反对这项请愿计划，但她并没有明说。相反，她在实验中介绍了失实信息常使用的"假专家"的方法。顾名思义，假专家就是向大众传递出专家的假象，但实际却没有相关的专业知识。

库克发现无需专门提及具体的失实信息，只是解释失实信息的方法便可以抵消其影响。例如，当库克向大家解释过去的失实信息是如何利用假专家的方法后，人们在面对请愿计划中假专家信息时就不会受其影响。而且，失实信息对所有政治倾向的人群的消极影响都会被抵消，不管是保守派还是自由派，没有人愿意被误导人的这些方法所欺骗。

将预防接种理论付诸实践

预防接种理论作为一种功能强大且丰富的科学传播方法，用途十分广泛。库克通过把预防接种理论的成果和揭露真相的认知心理学联系在一起，发展出一套"事实—迷思—谬误"的框架。

这一策略包括对事实进行解释，然后引入与这些事实有关的迷思。这时，人们会看到两个相互矛盾的信息。通过揭示迷思扭曲事实所采用的方法便可以化解矛盾。

库克在一门关于气候的失实信息的网上免费课程中大量运用了这一框架。在这门名为《理解对气候科学的否认》的课程中，每一堂课都采用了"事实—迷思—谬误"的框架。讲课者会首先解释一个气候事实，然后介绍一个与该事实相关的迷思，再解释迷思的谬误之处。这样，这门课既阐释了气候变化的关键事实，也向学生介绍了 50 个最常见的气候迷思，使他们能对这些失实信息形成免疫。

例如，我们知道人类活动造成了全球变暖，因为我们观察到了气候变化中独特的温室规律。换句话说，在气候变化中发现了人类活动的印记或证据。然而，迷思的观点可能会说早在人类出现之前气候就已经开始了自然地变化，因此，现在的气候变化也是自然的，而非人为的。这一迷思犯了妄下结论（或是不合逻辑的推论）的错误，根据它的前提无法得出相应结论。这就好像发现了一具死尸，死尸的背上插着一把刀，由于过去有人是自然死去的，因而得出结论说这个人也

事实	迷思	谬误
数千年来，大气层都处于平衡中，人类打破了这种平衡。	"人类排放的二氧化碳量相较于大自然自己排放的量是微不足道的，因此人类对全球变暖的影响几乎可以忽略不计。"	过于简单化：只考虑了自然二氧化碳排放，而忽视了自然二氧化碳库。
在过去的200年间，人类排放是导致空气中二氧化碳含量增加的主因。	"火山喷发释放的二氧化碳比人类多。"	妄下结论：火山喷发的确会释放二氧化碳，但过去200年火山喷发释放的二氧化碳总量太小，根本不会引起空气中二氧化碳含量的明显变化。
如果我们停止排放二氧化碳，大气层中二氧化碳的含量也要经过数千年才能恢复到工业化以前的水平。	"二氧化碳的停留时间只有4年，因此如果我们停止排放，空气中二氧化碳的含量水平会迅速下降。"	毫不相干：二氧化碳分子在大气中的运行速度并不等同于二氧化碳含量回归正常水平的速度。
温室气体就像一个毛毯，它们吸收热量并传回地球。	"温室效应违背了热力学第二定律。"	曲解：热力学第二定律考虑的是净能量流，它并不完全否认从低温物体向高温物体转移热量。
排放更多的二氧化碳就意味着有更多热量被聚集在空气稀薄的高空大气层。	"温室效应是饱和的，因此再多一些二氧化碳也不会影响它。"	过于简单化：误认为大气层只有一层，其实它有好几层。
冰芯显示气候变暖会导致海洋释放更多的二氧化碳，这与温室效应一起会加速全球变暖。	"二氧化碳增加在气温升高之后意味着温室效应是微不足道的。"	假两难推理：并不是谁引起谁而是两者互相影响，互相推动。二氧化碳导致升温，升温也导致二氧化碳含量增加。
人类的影响之一就是高层大气的降温和低层大气的升温，卫星已观测到了这一规律。	"人类造成全球气候变暖的证据之一，对流层红点，还未被观测到。"	毫不相干：红点与温室效应无关。
卫星发现二氧化碳的温室效应加剧是不争的事实。	"二氧化碳是一种微量气体，所以它的温室效应微乎其微。"	毫不相干：微量气体也可以有重大影响力，是否微量与二氧化碳的增温潜能无关。
气候的年度和日度变化规律证实了人类造成全球变暖，排除了太阳的影响。	"太阳是造成气候变暖的罪魁祸首。"	选择性失明：忽略了人类的影响，并无视最近一段时期气候变化与太阳运动刚好相反的事实。

遵循"事实—迷思—谬误"框架的网上课程

一定是自然死去的。

科学明白地告诉我们，向人们灌输更多的科学常识并不能完全解决否认科学的问题。我们无法忽视存在失实信息的现实，也不能否认存在否认科学的事实。相反，我们应该把它看成是一个教育的机会，在课堂上阐释人们对科学的误解是教授科学的有效方式之一。

事实证明，阻止否认科学的关键是让人们接触一小部分对科学的否认。

"无糖食品"真的健康吗

王雷 / 编译

编者按：

人造甜味剂（Artificial Sweetener）指人工合成的、赋予食品或饲料以甜味的食品添加剂。糖精（Saccharin）是最早的人造甜味剂，除此之外，还有阿斯巴甜（Aspartame）、三氯蔗糖（Sucralose）、木糖醇、山梨糖醇等等都是比较常见的人造甜味剂。研究发现，人造甜味剂可以使人产生饥饿感，改变肠道微生物群，从而引起肥胖症、糖尿病等代谢性疾病，并增加致癌的风险。

经常喝无糖饮料的人们要小心了！无糖饮料可能比含糖碳酸饮料对于我们的健康造成的危害更大，因为无糖饮料中使用了多种人造甜味剂。最近的流行病学研究证实，无糖饮料和其他软饮料中使用的人造甜味剂增加了饮用者患 II 型糖尿病的风险。II 型糖尿病是最常见的一种糖尿病形式，多发病于超重和久坐的人群。

阿斯巴甜是目前最常用的甜味剂，也是唯一的一种被美国食品和药品管理局（FDA）批准使用的营养型强力甜味剂。三氯蔗糖，一种通过化学手段改变了蔗糖分子结构的人造甜味剂，已被用于所谓的"无糖"饮料中，并作为糖的替代品已使用长达 30 年之久。

近年来，尽管工业制造商不断地放弃将人造甜味剂用于饮料、谷物制品、饼

用于估计饮料中含糖量、加糖量和人工甜味剂添加量的标准容器

干、蛋糕、低热量酸奶甚至某些药物中，但是人造甜味剂在我们饮食中所占的比例却日益增加。目前，人造甜味剂与人体健康的关系尚无可靠研究数据。

但是，人造甜味剂引起了越来越多的争议，并且被怀疑增加了患糖尿病和癌症的风险。世界各地的研究人员正在衡量其对于健康的影响，特别是对代谢疾病的影响。

增加患糖尿病和癌症的风险

法国流行病学和人口健康研究中心（France's Centre for Research in Epidemiology and Population Health）的科研团队自 2012 年以来一直致力于人造甜味剂与健康的研究，并建立了一个 II 型糖尿病危险因素的研究计划。研究结果表明，糖替代品应该被非常谨慎地对待。该团队 2017 年 2 月发表的一项研究显示，患糖尿病的风险随着人造甜味剂的消耗量而增加。

该研究以近 10 万名法国妇女的数据为基础。这项前瞻性队列研究一直在监测由健康保险公司提供的法国女性教育工作者在过去 27 年的健康状况数据。该研究由流行病学家弗朗索瓦兹·克拉韦尔（Fran oise Clavel–Chapelon）发起，旨在提高对妇女健康和慢性疾病风险的认识，例如，癌症或 II 型糖尿病。

避免饮用无糖饮料

2013 年的研究数据显示，无糖饮料的消费者患糖尿病的风险明显高于普通饮料的消费者。该项目的66118志愿者妇女中，有1369人被诊断为Ⅱ型糖尿病。

　　法国团队对于疾病风险的评估基于三种饮料的消费：含糖饮料、人造甜味剂饮料和100％纯果汁。同时考虑其他因素，如个人体质、身体质量指数和家族史的影响。例如，每星期1.5升的饮用量，饮用人造甜味剂饮料患糖尿病的风险比普通含糖饮料高出60％。明显地，饮用100％纯果汁患糖尿病的风险并没有增加，这些纯果汁都是自然甜味的饮品。

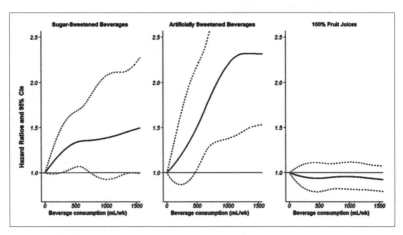

实线表示Ⅱ型糖尿病患病风险，含糖饮料（左）、人造甜味剂饮料（中）和纯果汁饮料（右）

人造甜味剂会使人产生饥饿感

　　研究结果显示，"总是或几乎总是"饮用人造甜味剂（以小香囊或片剂的形式）饮料的人群比那些"从未或很少"饮用的人群患糖尿病的风险高出83％。而对于十多年来一直饮用人造甜味剂饮料的人群，患糖尿病的风险高出110％，这表明随着时间的推移，产生了累积效应。

　　产生这些结果的生理学机制还不清楚，目前存在两种假设：一种假设是，消耗大量人造甜味剂的人对糖的食欲更高，导致暴饮暴食更多的糖。另一种假设是，消耗大量人造甜味剂会抑制人体分泌GLP-1（胰高血糖素样肽-1）激素——起着促进胰腺胰岛素分泌的重要作用，这种激素的减少会导致体内葡萄糖代谢失调。

人造甜味剂改变肠道微生物群

　　微生物调节人体的消化、代谢、免疫和神经功能，对于人的健康至关重要。

以色列魏兹曼科学研究所（Weizmann Institute of Science）的动物研究实验表明，某些人造甜味剂的大量消耗会导致肠道微生物群发生改变。而改变的肠道微生物群会导致葡萄糖的不耐受性和胰岛素的抵抗性，这是Ⅱ型糖尿病的触发性因素。

无论人们正在尝试减肥还是避免糖摄入，现在是时候传递一个更准确的信息：所谓的"精致"食物可能是某些疾病产生的风险，因此没有糖尿病的人不要食用所谓的"有甜味的无糖食品"。

科史回眸

从"零"开始的现代数学

张玥 / 编译

　　一块古老的桦树皮上的一个小圆点，却标志着人类数学历史上重大的事件之一。事实上，树皮是古印度数学文献的一部分——它就是为人们所熟知的"巴克沙利手稿"。而在树皮上的这个小圆点，正是数字符号"0"有记录以来的首次应用。

　　最近，牛津大学的科研人员获得了突破性进展，他们发现，这份手稿的"年纪"比此前的预计还要老了 500 岁，可以追溯到公元 3—4 世纪。

　　如今，我们已经难以想象没有"0"的数学。在按位计数的系统中，例如，我们现在使用的十进制，一个数字的位置十分重要。的确，100 和 1000000 之间真正的区别在于数字的位置。这时，"0"就派上了用场，就像是用来断句的标点符号。

　　然而，数千年以来，没有"0"，我们的祖先照样可以生活。公元前 5000 年，苏美尔人所采用的位置系统就没有"0"。在一些基本形式中，有时人们会采用某种符号或是空格来区别 204 和 20000004。但这种符号从没有用在一个数字的末尾，因此，5 和 500 之间的区别必须要通过上下文进行分辨。

　　此外，将"0"用于某串数字的最后让乘以 10 或除以 10 变得更为容易，将9 和 1 可以更方便地加在一起。"0"的创造让计算变得极为简便，让数学家可以自由地开发至关重要的数学学科，例如，代数和微积分，以及计算机的基础。

　　迟来的"0"也在某种程度上反映了有些文化中对于"无（nothing）"的概念认知。在西方文化中，对于"无（nothingness）"有着严重的误解，同时也受到语言的神秘力量的困扰。公元前 5 世纪，希腊思想家巴门尼德宣称"无"是不存在的，因为当你在谈论某事时，谈论的是存在的事。巴门尼德的这种思维方式长期以来一直是著名历史人物之间的争论焦点。

　　在基督教出现后，欧洲的宗教领导者声称，因为上帝存在于所有存在的事物中，因此任何代表着不存在的事情肯定都是邪恶的。为了保护人类不受邪魔侵扰，他们很快抹杀了"0"的存在，但是人们还在偷偷地使用这种数字符号。

　　而与之相对，在佛教中，"无"不仅没有任何恶魔附身的含义，而且事实上也是值得研究的走向涅槃的中心思想。在这种思维方式中，不必焦虑于代表着"无"的数字符号。事实上，英语中"0"的单词"zero"最初来自于印地语中的"空性（sunyata）"，代表着"无"，是佛教的一个中心思想。

因此，当"0"最终出现在古印度之后，它花了近1000年的时间才在欧洲扎根，比在中国或中东所花费的时间要长得多。公元1200年，意大利数学家斐波纳契（Fibonacci）将十进制带入欧洲，他写道："印度的方法超越了任何已知的计算方法。它是一种绝妙的方法。他们的计算使用了9个数字和符号0。"

这种理想的计算方法将数学家从烦琐的简单计算中解放出来，并让他们能够着手解决更为复杂的问题，并研究数字的一般属性。例如，7世纪印度数学家和天文学家布拉马普特拉（Brahmagupta）就在此之后做出了杰出的成就，被认为是近世代数的开始。

算法与微积分

印度的计算方法非常强大，因为它意味着你可以为计算制定出非常简单的规则。想象一下，你要如何在没有"0"这个符号的情况下解释一长串加法。任何规则都会存在太多的例外情况。9世纪波斯数学家花拉子密（Al-Khwarizmi）是首位一丝不苟地记录并利用这些运算指令的科学家，并最终让算盘成为历史。

这种机械指令集合阐明了数学的某些部分是可以自动化的。这也最终引领了现代计算机的发展。事实上，用于描述一套简单的指令的单词"算法（algorithm）"，就来自于花拉子密的英文名。

"0"的创造同时也开拓了描述分数的更为准确的新方法。将0加到一串数字的末尾，能够提升其数量级；在小数点的帮助下，在开头加上0则能降低其数量级。将无穷多的数字放在小数点右边，则代表着无限的精度。这种精度正是17世纪思想家艾萨克·牛顿（Isaac Newton）和戈特弗里德·莱布尼茨（Gottfried Leibniz）研究不断变化的微积分所需要的。

因此，现代数学的三大基石——代数、算法、微积分，都是一个不存在的符号所带来的结果。数学是无形实体的科学，我们只能通过将它们写下来才能够对其进行理解。印度通过将"0"加入到按位计数系统，开启了数字的真正力量，将数学从"小婴儿"迅速成长为"青少年"，并让数学变得如此复杂与强大。

日食追踪：一段曲折的探索之路

王鹏超 / 编译

1911 年爱因斯坦预言，当恒星的光非常接近太阳时，因为太阳的引力将会有一个小小的偏离，并第一次提出这种恒星光线的弯曲是可以测量的。而 1919 年日全食观测验证了广义相对论关于经过太阳时光线偏折的预言。

2017 年 8 月 21 日，时隔 99 年的日全食再次降临在美洲大陆上。如今，即使是寻常百姓也可以轻松地通过电视直播、网络新闻甚至是购买一台天文望远镜来观测这神奇的天文现象。但是在天文学研究的历史上，科学家们为了能够观察日全食可谓煞费苦心、周密计划。但是即便如此，各种各样的原因都会最终影响他们的观测结果。

几个世纪以前，天文学家就已经意识到日全食提供了一个宝贵的日冕观测机会。当食甚（食既以后，月轮继续东移，当月轮中心和日面中心相距最近时，就达到食甚。对日偏食来说，食甚是太阳被月亮遮去最多的时刻）到来时，月亮完全遮挡了纤薄的太阳光球层发出的耀眼光芒。让天文学家有机会一睹太阳绚烂多彩的外部结构以及光球层外不时迸发的日冕。在阳光没有被月球遮挡时，这些结构都淹没在无尽的太阳的光芒之中而让人难以观察。

然而，日全食并不常见，而且只在一条狭长的路径上可以观测。日食的研究需要细致充分的计划，以确保天文学家和他们的设备可以出现在正确的时间且合适的地点。正如天文学的研究历史所示，即使再完善的日食追踪计划，也不意味着万无一失。

穿越火线的观测

哈佛大学数学和自然哲学教授塞缪尔·威廉姆斯（Samuel Williams）一直致力于日食的研究。他在 1769 年曾观测过金星凌日，但从未有机会研究太阳日冕。他根据计算，确信日全食将在 1780 年 10 月 27 日发生在缅因州佩诺布斯科特湾（Penobscot Bay）。

但正值独立战争时期，缅因州被英国军队控制，如何从马萨诸塞州到缅因州

塞缪尔·威廉姆斯曾计划穿越敌人的封锁线
观测日食

成为一个大问题。幸运的是，马萨诸塞州政府帮助了威廉姆斯，政府命令国家战争委员会调拨了一艘船，载着日食研究者们到达预定的观测地点。约翰·汉考克议员写信给缅因州的英国司令，要求允许科学家们对日食进行观测。当载着天文学家的船抵达佩诺布斯科特湾时，威廉姆斯和他的研究团队被允许登陆，但活动范围被限制在距离大陆 5 千米的艾尔伯勒岛（Isleboro island）。

日食那天是个好天气，随着理论计算的日全食时间点 12 点 30 分的到来，太阳的光芒逐渐褪去，科学家的兴奋到达了极点。然而在 12 点 31 分，太阳开始恢复它的光芒。令威廉姆斯感到沮丧的是，他没有处在日全食发生的路线上，而是偏南了 30 海里。

在一段沮丧的旅程过后，威廉姆斯回到了马萨诸塞州，他试图寻找问题究竟出在哪里。一些天文学家在当时和接下来的几个世纪里提出，威廉姆斯对日全食路径的计算不准确是导致日食观测失败的主要原因。

不过，威廉姆斯却有不同的解释。在提供给新成立的美国艺术与科学学院的报告中，他指出地图的错误是导致路径计算不准确的原因："我们观察点的经度与我们的计算完全一致，但是地图上标示的纬度与实际纬度相差近半度。"由于半度对应着 30 海里的距离，因此错误的地图指示威廉姆斯设定错了观测点。

虽然塞缪尔·威廉姆斯错过了日全食，但他的考察并不是完全的失败。 在 12 点 31 分太阳几乎被完全遮住时，他注意到那仅存的阳光变成了"破碎且分散的水滴"。这些明亮的水滴，如今被称"贝利珠"（Baily's beads），是太阳的光芒照亮月球上的山谷和凹陷边缘的结果。它的命名是为纪念天文学家弗朗西斯·贝利（Francis Baily）；贝利于 1836 年看到并描述了这个"珠子"，不过这已经是威廉姆斯观察到这一现象的 56 年之后的事情了。

差点被浓烟搞砸的观测

近一个世纪后，1871 年，英国天文学家诺曼·洛克（Norman Lockyer）一直在寻找一个观测日食的机会。此前三年，他和法国天文学家朱尔斯·詹森（Jules Janssen）测量了太阳色球光谱。令人惊讶的是，他们发现了一条在黄色范围内不对应于任何已知的元素的射线。

洛克大胆地声称，这种射线是一种叫作"氦"（helium）的新元素发出的，而"氦"这个名字正是来源于希腊神话中太阳神（Helios）。在意识到日食会为寻找更多未被发现的元素提供了机会后，洛克成为积极的日食研究的倡导者。当得知日全食将于 1871 年 12 月 12 日发生在印度南部后，他游说英国科学促进会资助他开展日食研究。而英国政府正希望表明其在印度的统治同英国的科学进步之间的关系，因此政府资助了洛克 2000 英镑，以支付他乘坐轮船的费用。

洛克从英国到印度的航行非常顺利。他的团队在印度西南海岸的贝尔高姆堡（Bekal Fort）的一座塔上建立了观测站。1871 年 12 月 12 日上午万里无云，虽然洛克有一点发烧，但是他也完全准备好了。

在日食的开始阶段，他发现他们所在的堡垒下有一些异常活动。当地居民正在收集大量木柴来点燃篝火；显然，他们希望通过地球上明亮的火焰能使逐步变暗的太阳再次点亮。洛克很是郁闷，因为烟柱直接在他和正在变暗的太阳之间升起，这将直接毁掉他的观察计划。

幸运的是，当地警察总监恰好在场；他召集了一个警察中队驱散了人群。没

詹森和洛克发现太阳光谱在波长为 587 纳米处有一条明亮的黄色射线

有了浓烟的干扰，洛克对太阳的日冕结构作了非常细致清晰的观察。

被阴天耽误的日食观测

时间来到 20 世纪初，英国皇家天文学家史丹顿·戴森（Frank Dyson）爵士一直致力于日食的研究。1927 年 6 月 29 日，日全食出现在英格兰北部，其观测范围从西部的布莱克浦（Blackpool）延伸到东部的哈特列尔（Hartlepool）。作为科学界的杰出人物和著名的日食研究专家，戴森轻而易举地获得了政府对于日全食研究的资助。

然而，他却不能左右英国波诡云谲的天气。6 月，英国北部每天平均有大约 7 个小时的阳光直射；然而，这是基于全天阴天和全天无云的日子平均得到的结果。戴森也不知道日食发生时天气会是什么样子的。

经过对日食发生路径的历史气象资料研究，戴森决定在约克郡（Yorkshire）格吉利斯维克村（village of Giggleswick）观察。虽然他和他的团队为日食观测做着各种准备，但是这个观测点的选择却一直让人有些忐忑。因为在日食之前的两个星期，这里每天下午都浓云密布。

弗兰克·戴森和他的团队在格吉利斯维克村拍摄的日食照片

尽管天气情况仍然未知，但是在日全食发生的整条路径上还是聚集了对日食充满热情的人们。铁路公司为日食专门开设了特别旅游列车，日全食路径沿线的村镇举办了各式各样以日食为主题的娱乐活动，连报业公司都向订户们提供了观察日食的眼镜。

不幸的是，天公不作美，从黑池塔（Blackpool Tower）到哈特尔浦（Hartlepool）都阴云密布，没能看到太阳，这让大多数聚集在日食路径的观众都失望了。

但弗兰克·戴森是非常幸运的，因为格吉利斯维克村几乎是这条日食线路上唯一一个整个日食过程中都有好天气的地点。估计有 7 万人聚集在那里，在皇家天文学家的带领下，人们幸运地看到了日全食。

在日食之后，戴森发表了一份充满英伦风的声明："照片非常好……一个非常清晰和完美的日食……我们的观察位置确实很好。"

尽管糟糕的天气、滚滚的浓烟、错误的地图……各种各样的细节都可能影响最终日全食观测的成败，但是天文学家却一刻未曾停止对于日全食的探索。

居里夫人：第一次世界大战中的卓越贡献者

黄森 / 编译

问及历史上最著名的女科学家，绝大多数人会想到居里夫人。若进一步问及居里夫人的功绩，答案则是在放射性方面所进行的研究（事实上她发现了放射性元素镭和钋）。

很多人都知道居里夫人是历史上首位获得诺贝尔奖的女性（实际上她一生中共获得过两次诺贝尔奖），但很少有人知道居里夫人也是第一次世界大战中的主要英雄之一，她为一战做出了卓越贡献。

1917 年 10 月，一位神秘人物造访了居里夫人位于巴黎的实验室，却没在实验室中找到镭，其实居里夫人早已将它们藏起来并用在战争中。对于居里夫人来说，这场战争早在 1914 年德国军队进攻巴黎时便已打响。当她意识到自己的研究需要被搁置，于是她将实验室所储存的所有镭收集起来，并将它们密封在一个铅制容器中，用火车运送至距离巴黎 600 千米的波尔多，放在当地一家银行的保险柜里。她相信法国赢得战争后，她会取回她的镭。

将自己的心血送到安全之处后，居里决定加入战斗，而不是逃离动乱。她决定将自己的科研成果转化为服务战争；但并非制造武器，而是拯救生命。

X 射线在战争中大展拳脚

X 射线是一种电磁辐射，在 1895 年被诺贝尔奖获得者威廉·伦琴（Wilhelm Roentgen）发现。在 X 射线问世后不久，医生开始使用 X 射线对患者的骨骼进行成像，用以发现如"子弹"等异物。

但在战争之初，X 光机只在少数城市的医院配备，距离受伤士兵接受治疗的前线相距甚远。居里夫人决定制造"放射汽车"（装有 X 光机和摄影暗室设备的汽车，可以直接开到前线），这样军队的外科医生便可使用 X 光机来帮助他们做手术。

但发射 X 射线需要电力，居里夫人在汽车中并入发电机解决了这个问题。使用燃油动力汽车的引擎提供了所需的电力。

因为法国军方提供的资金迟迟不到位，居里夫人向法国妇女联盟求助，这个慈善组织给她提供了制造第一辆车所需的资金，而这辆车在 1914 年的马恩战役中扮演了重要角色。然而，战争需要更多的"放射汽车"，居里夫人利用自己的科学影响力呼吁富裕的巴黎妇女捐款，很快她便制造了 20 辆 X 射线医疗车。

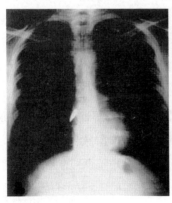

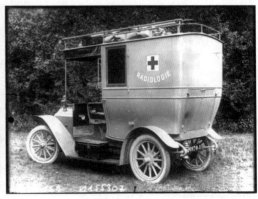

心脏中子弹的 X 光片　　　　　　　　　法国军队使用的一辆由居里夫人制造的"放射汽车"

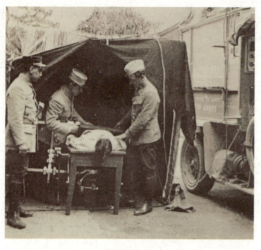
第一次世界大战中法国战地医院用 X 光机定位子弹

但没有训练有素的 X 射线照相技师，这些医疗车便毫无用武之地，因此居里开始训练女性志愿者。刚开始，她招募了 20 名妇女志愿者并开设了 X 射线照相课程的培训，居里夫人和她的女儿伊伦（Irene，1935 年获得诺贝尔化学奖）一起教学。整个战争期间，居里夫人共培训了 150 名妇女，这些妇女都成为了优秀的 X 射线照相技师。

不仅把学员送到了战场，居里夫人也驾驶"放射汽车"奔赴前线。为此她不得不学习驾驶汽车、更换汽车轮胎甚至掌握了一些基本的汽车修理技能以及自己处理车祸。

除了建造流动的"放射汽车"外，居里夫人还监督建设了 200 个战地医院固定放射室。

X 射线带来的噩梦

尽管很少，但还是有部分操作 X 光机的妇女因战斗而受伤。许多人因遭受高强度 X 射线暴露而灼伤。居里夫人知道如此高的暴露风险会对她们未来的健康带来影响，如后续生活中的癌症。但她没有时间来完善该领域的 X 射线安全措施，所以很多 X 射线工作者过度的接受了 X 射线的辐射。

居里夫人从战争中幸存了下来，但她担心高强度的 X 射线工作最终会导致自己死亡。后来她因患上了再生障碍性贫血（恶性白血病）而辞世。

许多人认为居里夫人的疾病源于长期的镭研究。不过她却反对这种说法，在工作中她一直努力保护自己免受镭的伤害。相反，她认为自己的疾病源于战争期间长期的高强度 X 射线暴露。或许我们永远不会知道战时的 X 光机是否是她死亡的真凶，但在 1995 年对她遗体样本检测的结果显示，她的身体里确实没有镭。

作为科学界的第一位女明星，玛丽·居里是一位多面手，她是一位科学家也是一位伟大的人道主义者。她是一位强烈的爱国者，即便她已经从波兰移民到法国。然而她利用自己的科学声望，支持着祖国的战争，使用她第二个诺贝尔奖获得的奖金购买战争债券，甚至试图融化她的诺贝尔奖章，来购买更多债券。

在男性为主的战争中，她未因自己的性别而不为。相反，居里夫人动员的女性队伍为减少人们的痛苦而努力，为赢得第一次世界大战尽力。通过她的努力，在一战中接受 X 光检查的受伤士兵总人数超过了一百万。

DNA 结构发现之旅中被遗忘的科学家

王雷 / 编译

编者按：

詹姆斯·沃森（James Watson）和弗朗西斯·克里克（Francis Crick）因提出 DNA 的双螺旋结构模型而获得 1962 年诺贝尔生理学或医学奖。除了人们所熟知的沃森和克里克，DNA 结构发现的开拓者还有许多默默无闻的科学家，早期的主要是詹姆斯·迈克尔·克里斯（James Michael Creeth）以及他的博士生导师马森·古兰德（J. Masson Gulland）和丹尼斯·乔丹（Denis O. Jordan）。与沃森和克里克同时期的还有同样获得 1962 年诺贝尔生理学或医学奖的莫里斯·威尔金斯（Maurice Wilkins）以及捕捉 DNA 分子图像的科学家罗莎琳德·富兰克林（Rosalind Franklin）。

DNA 结构的发现之旅

当詹姆斯·迈克尔·克里斯成功地在从小牛胸腺采集的 DNA 样品中加入酸之后，他不仅完成了博士学位的实验，也为 DNA 结构的发现揭开了序幕。1947年秋，克里斯和他的博士生导师发表的论文详细地阐述了 DNA 分子是如何结合在一起的。他们发现了 DNA 分子间通过氢键连接的证据，这为沃森和克里克的 NDA 双螺旋结构奠定了基础。克里斯甚至还制造出粗糙的 DNA 模型，形状也是两条连在一起的链——尽管这与 DNA 分子的实际结构不太相似。可惜的是，当时他的发现并没有引起大众的注意。

6年后，《自然》杂志发表了沃森和克里克的论文，宣告了DNA分子双螺旋结构模型的诞生。同期杂志还发表了罗莎琳德·富兰克林和莫里斯·威尔金斯的两篇论文以相关的实验报告和数据分析支持了沃森和克里克的理论。

神秘的DNA分子

在克里斯所处的那个时代，人们对NDA的研究兴趣浓厚，科学家怀疑DNA可能是与基因以及遗传相关的关键性物质。后来的研究表明，DNA分子是由脱氧核糖核苷酸组成的，每个核苷酸包括一个脱氧核糖的糖残基，一个磷酸基团分子和四种不同类型含氮碱基：胸腺嘧啶（T）、胞嘧啶（C）、腺嘌呤（A）和鸟嘌呤（G）。然而，DNA分子是如何构建和结合到一起的呢？它又是如何记录基因的呢？这在当时仍然是一个谜。

当时，克里斯的同学斯雷福尔（C.J.Threlfall）和泰勒（H.F.W.Talyer）已经在这方面取得一定进展。斯雷福尔知道如何纯化DNA样品，并将纯化后的样品用于结构检测。他们用一种叫pH电位滴定的方法测定被加入酸或碱后DNA样品的pH值。他们推测，DNA结构中可能存在氢键——当氢原子与包括氧和氮在内的某些其他原子共享电子时会产生氢键，氢键会影响分子的整体形状。

克里斯利用一种称为黏度测定的技术来测量溶液中DNA分子的大小，并记录其如何改变。当往溶液中加入强酸或强碱时，其"黏度"或厚度（流动阻力）会急剧下降，这意味着有氢键存在。于是他们得出结论说氢键是让相邻的核苷酸碱基连在一起的关键。当氢键被酸或碱不可逆地破坏之后，DNA分子则被分解成更小的结构单元，溶液的流动性也随之增加。尽管克里斯和他的导师没有完全了解DNA的确切结构，但他们证明了氢键是DNA分子的重要组成部分。

DNA分子结构的完美契合

克里斯1947年提交的博士论文中，准确地预测了DNA的双链分子结构，而且每条链的外部都有一个磷酸糖骨架，内部则为氢键基团。克里斯预测的DNA分子双链结构完全符合DNA的生物学功能。氢键强度决定了两条互补链可以结合在一起，也可以被分开、读取或复制，这些都是细胞分裂和基因传递的基础。

遗憾的是，这支研究团队在做出这个发现之后就解散了。古兰德死于一场火车车祸，乔丹去了澳大利亚的阿德莱德大学（University of Adelaide）。DNA 确切结构的最终研究留给了沃森和克里克，他们通过研究发现，氢键的存在迫使 DNA 链扭曲成双螺旋排列。

除了沃森和克里克外，这些科学家都没能与 DNA 结构建立起最后的联系。然而，他们所完成的工作对于 DNA 结构的发现至关重要。如果没有这些科学家的研究工作，沃森和克里克也不会那么快就得到 DNA 分子的双螺旋结构，这对于科学家正确地揭示生命遗传密码意义重大。

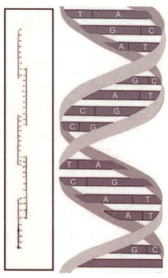

克里斯在博士论文中描绘的 DNA 结构（左）与实际结构（右）的对比

19 世纪的英国男性科学家真的"娘娘腔"吗

牟庆璇 / 编译

历史学家习惯将 19 世纪前期称作摄政时期（The Age of the Regency），将 19 世纪后期称作维多利亚时期（Victorian）。在维多利亚时期，科学家被认为是英雄。科幻小说和科学教科书都将科学家塑造成充满力量、权威的形象，自然的力量都可以为他们所用。在这些书籍中，赫伯特·乔治·威尔斯（Herbert George Wells）写的《时光机器》（*The Time Machine*）和奥利弗·洛奇（Oliver Lodge）的《科学先驱》（*Pioneers of Science*）较为有名。科学家受到公众的尊敬，后期又涌现出许多做出伟大功绩的人物，如汉弗莱·戴维（Humphry Davy）、迈克尔·法拉第（Michael Faraday）、查尔斯·达尔文（Charles Darwin）等。

男性科学家受到性别歧视

　　著名历史学家安·胥堤尔（Ann Shteir）认为，19世纪时科学的职业化确保了男性的主导地位，同时排除了女性参与科学研究的可能。这种职业化是一种文化的进程，形成了维多利亚时期男性科学家的一种稳定和权威的固定形象。

　　英国谢菲尔德大学（University of Sheffield）副校长希瑟·埃利斯（Heather Ellis）在《1831年—1918年间英国的男子气概和科学的关系》（*Masculinity and Science in Britain*, 1831—1918）一书中写道，19世纪的男性科学家形象并不那么阳刚。历史学家们一般主观相信科学家充满自信的公众形象。事实上，许多这一时期的著名男科学家被认为是柔弱和怯懦的。

　　汉弗里·戴维爵士（Sir Humphry Davy）曾就任英国皇家学会主席（President of the Royal Society），他发明了著名的矿工安全灯。但是在1824年，《化学家》（*The Chemist*）杂志的一位作家发文称其为"当今世界最优雅的不务正业的人"。这位作家还称科学界的一些其他有名人物为"服装华丽的哲学家"（dandy philosophers），他们的最大抱负是"在上流社会的客厅里面出风头"。

汉弗里·戴维爵士（1778—1829）

　　为什么男性科学家会受到这种性别歧视？从当时知识和文化在社会中的地位可探知一二。在当时，科学在学术界并不占首要地位，在早年的牛津大学和剑桥大学中没有受到广泛关注，且这种重视程度还在不断下降。推而广之，科学家缺乏文化权威，被认为是隐居和没落的人。

　　对男性科学家怯懦的指控也与当时对男子气概的定义发生变化有关。摄政时期的男子气概是倾向于崇尚富有、时尚的贵族风格，但是在维多利亚时期，男子气概的定义渐渐变成更严肃、突出个人功绩和特点的气质。这反映了中产阶级的影响力日益增长。

男子气概的定义发生变化

在 19 世纪 50 年代以前，男性科学家希望自己可以具有贵族气质。英国科学进步协会（British Association for the Advancement of Science, BAAS）成立于 1831 年，在其成立后的前 10 年，会员中至少有 6 个不同部门的主席。能加入这个协会是贵族的象征，在其年度会议时，都会举行盛大的宴会和球类运动。

在 19 世纪 30 年代和 40 年代，公众对男子气概的定义从贵族风格转向更明确的中产阶级风格，男性科学家为了具有贵族气质而做的努力，使得他们受到性别歧视。在 1839 年，《泰晤士报》（*The Times*）发表过这样一篇对英国进步协会已故哲学家的悼文：

> "你走了，去往自己的学术天堂；在那里，希望你可以通过自己的劳动获得人们的认可，而不是跟以前一样，只是吃吃喝喝，向人们表演优雅的言谈和动作。"

19 世纪中期，新一代男性科学家，包括生物学家达尔文和进化论学者托马斯·赫胥黎（Thomas Huxley），不断接受新的精英论的男子气概理念。然而，他们也受到了关于怯懦的指控，只是原因与上一代科学家不同。

戴维爵士因其贵族般的生活方式和浮华的装扮受到人们的嘲笑。像达尔文和赫胥黎这些新一代科学家，开始在私人实验

托马斯·赫胥黎（1825—1895）

室开展科学研究，比如在自己的家里，他们的妻子和孩子协助他们。这样隐私的举动也使自己被公众认为是怯懦的。赫胥黎甚至把家比作避难所，与外面整日辛苦劳作、互相竞争的男性相比，家是十分舒适的场所。

科学变得至关重要

直到第一次世界大战爆发，这些对男性科学家的阳刚之气的质疑才逐渐消失。有史以来，英国政府第一次果断地与科学家合作，资助科学研究。在战争过程中，科学的形象发生了巨大变化，因为公众不得不承认，科学家的研究成果是获得胜利的关键。

在第一次世界大战之后，英国男性科学家变得更加自信，他们寻求更大的认可和长期的政府资助。从此，以男性科学研究者为主要力量的自然科学和物理科学的位置也变得至关重要。

科研体制

科学发展应以公平为起点

马明良 / 编译

　　没有科学仪器，就没有科学。从胡克显微镜到哈勃望远镜，科学仪器是现代科学知识生成的重要平台。但并不是人人都有机会使用科学仪器，工业或学术机构中拥有良好实验条件的人员通常会获得优先，而普通人员则很难参与相关研究，这就阻碍了科学的进步与普及。

　　发展中国家、基层社区组织的科研人员以及公民科学家们要费尽心机才能获得、维持必要的科学设备以满足他们的研究需要。

　　科学对普通人员的排外性造成了科学研究变得越来越精英主义，只有少数人可以决定哪些项目有研究价值。例如，科学界对许多热带疾病以及非洲自给作物研究的忽视就表明那些缺乏科学资源的地区在全球科学界影响甚微，他们的关切往往得不到充分响应。

　　与此类似，公众对科技透明的关注与期望也很可能被忽视。美国水力压裂的研究已经从美国能源部获得了 1.37 亿美元的经费。尽管公众对水污染问题的呼声极高，但目前还未开发出适用于社区的空气和水质监测技术，而公众从相关行业获取数据也是异常艰难。将科学囚禁于象牙塔或行业内严重限制了科学的应有效能。

开放科学实验设备

　　科学实验设备的开放运动以科学设备为起点，打破了既有规范的限制，旨在为科学创造多样的可能与未来。他们提议有关科学仪器的计划、方案、材料清单等应该共享，并且易于获得，能够被复制。现实情况是很多科学仪器都被申请为专利，不提供完整的设计信息，因而一旦损坏很难修复，这也限制了科研人员的创造性以及科学仪器的定制化服务。

　　出于对低成本科学仪器匮乏的失望，"面向每个人的海洋学"项目最近众筹了一款开放式的海洋传导性、温度和深度监测仪（CTD）。CTD 是海洋学研究的重负荷机器，通常要花费几千美元。而"面向每个人的海洋学"项目获得同等数据的成本只需 300 美元，并且这些计划和数据通过 GitHub 网站向公众开放。

我们不妨将开放 CTD 仪视为一件精美的 T 恤衫，我们可以花 40 美元来买一件，如果我们没有足够的钱，但是我们有缝纫技术和时间，我们可以只用 5 美元买来织布等材料然后自己制作成 T 恤衫，甚至我们可以根据自己的需求和品味进行适当地改造。

低成本只是开放科学设备的一项目标。位于瑞士日内瓦的欧洲粒子物理实验室（CERN）开创了一项开源硬件许可的项目，使得大规模的开放式合作成为可能。"白兔"项目便是其中一例，"白兔"是一个能够远距离精准同步信号的电子控制器。该控制器能够让世界上最大的几个粒子加速器协同工作。更重要的是，它对所有人免费开放，此外，它在智能电网的设计方面也有新的贡献。

平等还是公平？

开放式 CTD 仪，以及"白兔"都是基于平等理念建造而来的，即每个人都应该拥有使用科学仪器的途径。然而有能力获取仪器并不意味着公平，因为它并没有解决科学创造者的不平衡问题。而这一问题是异常严峻的，2015 年《卫报》的一则报道指出非洲的知识产出只占全球的 1.1%，最近联合国教科文组织的数据也显示全球只有 28% 的研究人员是女性。世界上没有任何一个国家的女性研究者占到整个研究人员的一半。

为解决这一问题，几个女权主义实验室便创立和使用了开放实验设备。比如公民环境行动研究实验室（CLEAR）就是位于加拿大纽芬兰的一个海洋污染女权实验室。GynePunks 是位于西班牙巴塞罗那的"生物黑客"团体，他们引领着"自己动手"妇科医学的前沿。

这些实验室不仅将更多的女性研究者和科学家 – 发明家引入科学研究中。他们还将公平置于平等之上，他们意识到当人们从完全不同的社会、经济、教育、政治背景下开始科学研究时，一视同仁地来对待他们并不能克服这些不同。他们通过对研究重点的选择与进行，判定何种知识是合理的，以及科研设备的制作与分配来改进科学研究。

超越实验室

有一些团体尝试将科学搬出实验室，搬到那些平常不会产生科学的地方与框架内，他们也为科学的发展做出了卓越贡献。

例如，2010 年墨西哥湾漏油事件发生后，墨西哥湾地区失望的美国民众便组建了一个名为"公共实验室"的环境科学社区。当时，要获得关于漏油对当地危害的精确、及时、公开、高分辨率的数据几乎不太可能，一方面漏油区的飞行受到限制，另一方面卫星又相隔太远而无法提供高精度的细节信息。所以公民科学家们就将照相机固定在氦气气球上进行拍摄，然后将照片拼接在一起。这样的工具开放而又方便，这些研究都是由本地居民所做，当然也是为了本地居民。

与此类似，一个名为"Lifepatch"的印度尼西亚公民艺术、科学与技术组织也利用低成本的方法和开放的仪器，比如摄像头显微镜等进行相关研究，而这种做法也根源于印度尼西亚的集体文化。有关日常生活、日常需求的问题驱使当地社区就河水质量、受火山喷发影响的土地生物恢复，安全发酵等问题与当地学术界进行合作研究。

所有这些创举均展示了某一确切地区、某复杂传统文化、某一种族、某一研究问题背景下特定科学的价值，而非适用全球、适用于每个人的科学。我们需要致力于推动公共的、自下而上的、合作的科学研究，而非区域的、所有权的、机构的、以西方为主导的个人主义科学研究。

这对于知识在何处产生、由何人参与以及将产生何种知识有着重要意义。开放科学仪器将为科学创造新的未来。

科学的信誉危机：严冬已至，春尚无期

杨岭南 / 编译

科学的信誉危机近日又冲上头条，引发人们的高度关注。这要归功于约翰·尤安尼迪斯（John Ioannidis）和其他共同作者一起发表的一篇文章《经济学研究中偏见的力量》（*The Power of Bias in Economics Research*）。尤安尼迪斯是斯坦福大学统计学、医学和健康学政策领域的专家，他比所有人都更积极努力，力图敲响科研质量管控问题的警钟：现今科研成果在没有得到其他研究人员重复实验的情况下就被发表出来。

2013 年媒体爆出了科研的可信度危机，经济学人杂志专门贡献出封面刊登"错误科学"。它的背景材料重点引用了尤安尼迪斯发表的作品。

在以往的文章中，尤安尼迪斯提出前临床和临床医学研究领域内的问题，其中指出在市场压力的影响下，临床医学转化为以资金为基础的医学方向等问题。

在新发表的文章中，尤安尼迪斯和共同作者以实证经济学为研究目标，他们研究后发现当前研究领域已经病态化。他们在对 20% 的分领域调查后发现，90% 的研究存在研究动机不足的情况，这也刚好揭示了研究的低质量现象，以及普遍存在的对正面效果的倾向性偏见。

心理学领域也曾经历了同样的境况。维吉尼亚大学的心理学教授布瑞安·诺赛克（Brian Nosek）和他的同事对 100 项高知名度的心理学研究进行了重复分析，在研究报告中发现，仅有 1/3 的研究可以被重复。

媒体已经注意到其他类似的案例。比如"启动研究"（一般在社会心理学领域作为研究方法应用。启动效应指个体在先前任务中被启动的某种表征，或是自动与之发生联系的任何其他表征，在后来某个时间被激活，并对个体产生了某种未被意识到的、不受个体控制的影响。启动的研究结果难以重复。）中存在的不可重复问题与市场营销和广告相关，诺贝尔奖获得者丹尼尔·卡尼曼（Daniel Kahneman）对此深有感触，公开发表了对重复实验结果失败浪潮的忧虑。

而一项关于"权力的姿势"的研究，声称身体的姿势会影响一个人的荷尔蒙激素水平，并会产生"权力的感觉"。这一研究发表后，最先在 TED 上迅速传播开来，然而再次被发现，它的重复实验是失败的。

我们于是观察到了两个现象：一方面，对整个科研领域的研究质量开始出现了怀疑的声音；另一方面，外界的媒体和博客等自媒体也公开表示质疑。

治愈沉疴

尤安尼迪斯最近在报告中列出一份亟待科学界整顿的治疗清单，其中包括培养重复实验的传统、共享数据、加强合作以期形成更大的数据集合，同时提前让人们明确研究须知和规定，要明确实验模型，并进行相关分析。

尤安尼迪斯和其他研究人员以前也提出过另外的办法，可以解决当前科研面临的问题，比如利用统计学方法，在统计学教授方面加以改善，在科研产出系统的所有阶段重建合理研究动机的体系，从同行评审到学术生涯等多方面加以开展。

好在一些热心的研究员和团队已经做了很多重要的努力，其中包括诺赛克发起的"可重复性项目"，尤安尼迪斯工作的"元研究创新中心"（始建于斯坦福大学，元研究指对研究本身进行的研究，即以批判性的角度对研究进行审视），本·格达尔（Ben Goldacre）创建的 alltrials.net 科学博客，以及"撤稿观察"网站（Retraction Watch）发起的活动等。这些活动吸引了私人资金的投入，开展是必要的，也是相当及时的。

但这些手段和措施发挥效用的概率有多大呢？科研界的危机可以在不久的未来得到解决吗？

研究方法、动机和自省

尤安尼迪斯与同一团队的研究者发现研究方法和动机之间存在相互作用。他们会尽量克制表达动机不足的研究很难发表的建议，"因为这样的策略会给研究人员施加压力，从而造成他们在错误假设基础上提出不现实、夸大的动机设想"。

这是很关键的一点。当新研究动机具有足够大的影响或吸引力时，研究人员才会采用更好的实践手段。反过来说，只有研究动机能够恰当解决科研问题和矛盾时，它才具有吸引力。

从这个角度来看，道德标准是一个重要的问题。这也是缺乏研究力度的地方。在保罗·罗默（Paul Romer）之后，宏观经济领域也意识到了道德方面的问题。罗默是世界银行的首席经济学家，他提出新术语"数学滥用"(mathiness)，即在宏观经济学领域，尤其是"增长理论研究"中滥用数学，使用大量脱离理论基础的非正规用语与符号和具有欺骗性的假定，忽略紧密的逻辑推演，导出错误的结论。因此，在这样的背景下，很难把这个学科中的研究方法和道德风气统一起来，更不必说整个科学界。

《边缘上的科学》（Science on the Verge）这本著作就分析了危机产生的根本原因，其中阐述了对道德层面的忽视。如果想要治愈这一顽疾，首先要搞清科研界到底发生了什么问题，而这些问题如何影响了科研的社会角色。

哲学家席尔维奥·弗托维茨（Silvio. Funtowicz）和杰罗姆·拉韦茨（Jerome R. Ravetz）已几十年致力于科学质量控制管理和质量与不确定性影响科学在政策中的使用研究。拉韦茨在 1971 年发表的著作《科学知识及其社会问题》

（*Scientific knowledge and itssocial problems*）中预测了当前危机的几个相关特征。他认为，一个科学领域染上沉疴非常可能，一旦发生，就照例会涌现很多粗制滥造的结果。他还指出，逐渐接受这一状态的存在并不容易，但改革往往更加困难。

不管是对身患顽疾的一个领域进行大刀阔斧的改革，还是抑制另一个领域初期的下滑都是一项艰巨的任务，拉韦茨指出，需要一个领域内的重要成员具备诚信正直的信念，积极投身于良好的工作，而且还需要具备科研能力和政治技能的坚定领袖。发表文章的多少，抑或组织机构的设置都无法维持或修复领域的健康状况。只有最关键的道德建设通过人际传播渠道得以作用，才能解决根本问题。

拉韦茨指出了道德建设的缺失。在后来的文章中，他也提出，在"涌现的矛盾冲突"中反映出科学的新社会和道德境况，不必说存在于启蒙、平等、保护和道德的官方科学形象与教条、精英主义和腐败的现实形象之间的强烈反差，也不必说科学服务于企业利益和现实，更不必说以科学作为伪宗教等的认识失调现象。拉韦茨的分析在近期的文章中引起很多反响，比如"论科学的商业化"，再比如"论当前信仰专家的问题"等。

严冬已至！

尤安尼迪斯和同伴们小心翼翼地强调跨学科方法的重要性，正因为跨学科的关系，不管出现问题还是发现解决方法都很有可能从一个学科影响到另一个学科。社会科学家们研究的正是科学本身，他们首要任务就是解决危机，也许等待他们的将是一个漫长的寒冬。因为此时此刻，他们遇到了另一个困境：身为研究科学的学者，意味着要去批判科学的主流形象和角色。在短期内，这很难发生。因为"科学大战"的伤疤犹在，它的幽灵会定期复活，趁机作乱。社会科学家们很担心被误认为是攻击科学的群体，更担心被人误解为美国总统特朗普的帮凶。

如果这些矛盾和冲突真切存在，那么我们注定要在春天的黎明之前熬过凛冽黑暗的寒冬。科学家们也期待着利用道德权威和启蒙价值的影响作为进军科学的最好时机。

科学家如何在政策制定过程中赢得话语权

杨岭楠 / 编译

　　科学家常常满怀热望，愿将一腔的研究诉与大众，期待他们的研究能在一系列决策制定中发挥一定作用，比如在公众意见、政府政策方面等。但是科学家想要摒除知识界的象牙塔形象显得有些一厢情愿，因为在实际决策过程中，他们并没有发挥重要作用。

　　不妨假设一下现任美国总统唐纳德·特朗普（Donald Trump）的白宫新领导班子任命了一位环境变化怀疑论者、一位反疫苗接种的支持者，会产生什么影响。而这是否意味着在当今时代，个人情绪、个人信念和社交媒体的水平已经凌驾于真相之上？当真如此，那么科学界面临的危机就是如何确保科研证据在政策制定中起到一定的作用。

充满风险和不确定的世界

　　2016 年 7 月，澳大利亚科学院在首都堪培拉组织召开了专家智囊团会议，目标是深入了解不同领域的科研成果被传播给决策者的情况以及传播如何更有效地实现，会议也对其中的风险和不确定性进行了讨论。会议报告——《在充满风险的世界中生活》近日发表，学者们从中汇总出概要，一窥重点。

科学家如何把握科研的不确定性

　　所有科研都存在不同程度的不确定性。不确定性源于很多原因，比如知识掌握不全面，或者研究现象具有变化性等。

　　科研的一个目的就是通过研究和实验降低不确定性，利用给不确定性进行定义的过程来提高精确性。即使最具科学性的政策也包含着风险，正面和负面都可能产生，也正是由于这种不确定性所引起的。

　　然而，影响政策制定的不确定性却常常不易被掌握，很难评估。比如说，对气候变化预测的不确定性可以使科研证据招来指责，可信度下降，政策方面的行动也被推迟。然而，评估环境引起的健康风险和地震风险则能为制定一些预防性的政策提供建议。

因此，在向政府提出建议时，对不确定性进行评估非常重要。但是如何对不确定性进行量化评估并向外传达，辅助政策制定，还没有形成清晰的方法。

科学家面临的挑战

科学家在同行评审的期刊上发表文章时，典型做法是把任何的不确定性都要列入文章中，并加以描述。但是，对于如何最有效地向决策者传播科学以及其不确定的特征在科学界尚缺乏共识。

例如，在公开传达科研项目中存在的风险时，是绝对可能性更有效，还是相对可能性更有效呢？天气预报、丛林火灾、轨道预测或者海啸和洪灾预报是否应该体现这种不确定性？

从会议讨论中反映出不同领域的传播经验和角度是随着领域不同而有所差异的。其中的因素包括语言的使用，目标受众，需要传达的风险的类型（经济风险对生死风险），主办机构的文化背景和礼仪礼节等。

但是我们也发现了一些共识性的地方。我们生活的世界并不是一个"后真相"的世界，科研证据不但公之于众，而且也要得到慎重考虑。我们的世界也并不是"象牙塔"世界，我们不仅切实地需要科研证据，对它们的获取渠道也是畅通的。

我们所处的世界兼具差异性和复杂性，在制定政策时必须考虑，而且这两种特性与日俱增地发展，带来很大的挑战性。然而，它们也为科学家们提供了很多机会，可以运用不同技巧去与决策者沟通和周旋。这也是一个从掌握、解读和传播科学数据者到裁决、提倡者的过程。

科学家需要增强与决策者的交流

会议报告建议科学家使用统一的语言，对风险和不确定性有清晰共性的表达，来向决策者传播科研成果。这样一来，诠释各个不同科研领域中存在的风险和不确定性就变得更容易，会取得肯定性的经验。

科学家可以明确阐述科研实验和建模过程背后的动机，便于决策者更深入地理解科学在决策过程中起到的辅助作用。对这个过程的记录也要得到重视。对科研证据和不确定性在决策进程中产生的影响、决策是否主动诉求于科研，证据与不确定性如何传播以及它们被接受、被考虑的方式等都要由科学家和决策者进行记录。

科学家也需要反馈

倘若科研的确影响了决策，那么它是以何种方式施加了影响？倘若科研证据并没有被决策者采纳，了解内在的原因很重要。是否由于对不确定性不够了解，表述不当，抑或超过了某个限度？还是决策者很难理解科研模型？果真如此，则需要对模型进行调整，增加实用性。也许迫于社会、政治或经济因素，而将科研因素置于次要地位？所有这些因素能否受到客观分析和评判？如果科学家们认为科研并没有得到决策者恰如其分的运用，那么该采取何种手段？

决策者在过去记录科研如何影响决策形成的过程时，运用的方法有很大变化性。公众和媒体有责任对这些记录形式进行监督和督促。在决策者对科研证据的利用和对科研不确定性的了解方面，目前记录很少，比如公众和媒体传播、严密组织的科学传播研讨会、参与科学咨询顾问小组或其他参与科学的战略所带来的影响。

希望未来我们能掌握一种更统一的语言，可以广泛应用于科学界，也希望人们共同加强对科学传播的记载。这些举措会帮助科学家为决策的形成做出贡献，引导未来政策走向。

科学家如何助力可持续发展目标

王芳 / 编译

联合国设定了世界各国在 2030 年前需要达成的 17 项可持续发展目标（SDGs）。要使这些目标变为现实，专家学者和研究人员在其中将扮演重要的角色。因为，这些目标的实现不仅需要政治意愿和资金投入，而且有赖于以事实依据为基础的政策。

如果政策制订者和研究人员能达成通力协作，让政策和策略立足于科学基础，那么政策成功实施的可能性将更大，而政策制订者和研究人员的协作需要双方做出权衡与取舍。参与其中的科学家需要一种新技能——他们必须学会在社区里进行研究，与政策制订者进行沟通，从不同视角解决复杂的问题。

相互联系的目标

该 17 项目标针对解决如饥饿、贫穷、教育、性别平等、水质和公共卫生此类的问题。这些问题大多数是互相关联的。要达到一个目标，其他目标也必须达到。

事实上，所有目标都与其他目标有着相互关联：例如，清洁的水源和充足的住房与医疗是相关联的。再拿第 3 个目标（健康）和第 11 个目标（可持续发展的城市）来说，如果城市不是包容的、安全的、具有韧性以及可持续发展性，第 3 个目标不可能实现，而建造这样的城市需要一个有效的医疗系统。

研究人员和政策制订者需要跨部门合作。例如，医疗领域的科学家需要和其他领域的科学家以及非医疗领域的政策制订者合作。并且，城市里的医疗政策制订者需要与研究人员和其他有关住房、交通、食品和贸易政策的制订者通力合作。

在学术、社会和政策制订领域之间，知识的共享存在许多障碍，如不同领域的数据系统不可互通，要想达到这样的局面并非易事。而可喜的是，在某些领域如医疗领域已出现相互交流的迹象。由联合国机构间工作组（UN Interagency Task Force）为不同政策领域开发的非传染性疾病工具包就是一个很好的例子。该工具包为各个政府部门如何应对它们各自领域内的非传染性疾病提出建议，为非医疗领域提供信息，帮助他们理解所采取的行动对医疗可能产生的影响，同时也提出可能会有助于改善大众健康的策略性建议。例如，劳动部长们从获取的建议中可以看到预防非传染性疾病的经济意义——包括非传染性疾病会减少劳动力，降低生产力以及削弱经济增长。

取舍与收益

跨部门合作的方法有其优点，但同时也需要科学家和政策制订者的权衡与取舍。如果两个领域之间的协调不能达成一致，就意味着科学和证据将丧失给予政策的潜在参考价值。

科学家进行的研究，应该不仅局限于满足实验室内的短期需求，还要让政策制订者能应用于解决长期性的问题。科学家需要明白，收集证据的过程并不总是完全按照计划发展，而往往可能需要一些时间才能得出最终结论。

跨领域合作正在全球年轻科学家学会（Global Young Academy）这样的科学组织里得到推广，旨在通过把培训指引向研究日常的问题，以及建立科学家和政策制订者合作的能力，从而改变科学家的常规准则和期望。

对确保未来的科学家拥有应用于实验室之外的技巧，这样的推广有着重要作用，同时也为科学家和政策制订者之间的互动与交流打下基础。如果双方能达到理想的整合，影响可持续发展目标的策略和政策以事实依据为出发点，有效地改善社会大众的生活。

科学家是否应采取激进行为

柳丹 / 编译

听说科学家要在华盛顿游行？此举只是对特朗普政府近期的政策变化和声明而采取的一个直接的回应方式，旨在"颂扬科学家对科学的热情，号召公众对科学界的支持和维护"，并非是抗议。

但并不是每个人都认为这种非抗议的抗议活动是件好事。西卡罗莱纳大学的地质学家罗伯特·杨（Robert Young）在《纽约时报》中称之为"一个糟糕的主意"。他认为，这场游行反倒推波助澜了一些保守派宣扬的"科学家是一个利益集团"等言论，使得事件更加的两极分化，也给研究者的工作带来了更多困难。其他人则觉得其论据不孚众望，因为科学与政治常常是交织在一起的。

作为 Retraction Watch（撤稿监察）博客和科学诚信中心（Center for Scientific Integrity）的创始人，纽约大学教授伊万·奥兰斯基（Ivan Oransky）及约翰霍普斯金大学教授亚当·马库斯（Adam Marcus）认为，研究者并不太愿意推动或拥抱变化，无论是对学术不端的传统处理方式，抑或是解决他们实验的再现性问题。对这些科学家而言，家丑不可外扬，让公众了解科学的现实，反而可能会危及公信度和研究经费的获取。

弗林特水危机事件

这并不是科学家和工程师第一次表达类似的担忧。例如，在弗林特水危机事件中，弗吉尼亚理工大学的马克·爱德华兹（Marc Edwards）和他的同事们被很多人看作是英雄。他们发现并宣布，弗林特市的居民正处于自来水铅过量的危险中。他们为此推出了一个为城市居民购买净水器的集资活动，并创建了一个网站发布他们对弗林特市供水危害的研究发现，以及表达对各级政府就此事件办事不利的不满。

若非他们的不懈努力，成千上万的孩子可能早就遭受铅含量超标的危害了，甚至连美国环境保护署也承认，人们等待警报发布的时间太长了。

但一本权威期刊的编辑并不以为然。2016 年 10 月，一篇引人注目的社论发表在了《环境科学与技术》（*Environmental Science & Technology*）杂志上。该文作者大卫·斯达拉克（David Sedlak）是加州大学伯克利分校的土木与环境工程专业教授和水利中心主任，也是《环境科学与技术》杂志的主编，他对自己的一些科学家同仁僭越了与鼓吹者之间的这条"虚线"表示担忧。

斯达拉克写到："公开反对腐败和无能的体系或许只是种文化产物，理想主义、个人责任和好莱坞戏剧性的情感合起来造就了一个高尚个人对抗不公的故事。"成为"一个具体事件的盟友，无论如何，我们都危害了社会契约，打破了研究经费支持基础研究的传统"。换句话说，不要插手国会，以免遭受削减预算的报复，许多科学家已经为此被当成了害群之马。因为那可不是笔小数目。国会对美国国立卫生研究院、疾病控制和预防中心、美国能源部和其他机构及其项目负有监督权，并掌管着它们一年近 700 亿美元的研究经费，多为美国境内的科学、医学和技术研发类的研究课题。

爱德华兹和他的三名同事，艾米·普鲁登（Amy Pruden）、悉达多·罗伊（Siddhartha Roy）和威廉·罗德（William Rhoads），对斯达拉克进行了抨击，指责他是"现代学术界的害群之马，一个畏首畏尾、居心叵测的人"。确实，科学家一旦接受了资助，即默认了要在政府面前噤声，这比那些直抒胸臆的人对学术独立性的威胁性更大。

激进行为能否促进科学进步?

　　一些不知名但很容易被识别的科学家，在媒体的蛊惑下，很容易把自己当成是与反面人物斗争的超级英雄。他们的傲慢和虚荣唤醒了统治上级，一将功成万骨枯。我们很少有机会可以看到实际的寒蝉效应，但可以从争辩科学家恰当角色的科学家身上看到。

　　不仅工程师会担心，神经学家约翰·马科维茨（John Markowitz）2016年秋天在《纽约时报》上也写到，"我们噤若寒蝉主要是因为害怕引起（国家心理健康研究所的）不满（和失去任何获取经费的机会）"，并认为"这件事情被过于敏感化了"。作为 Retraction Watch（撤稿监察）博客的合伙人，伊万·奥兰斯基教授还常常告诫一个专注于科学界丑闻的博主，揭露欺诈事件的行为固然是好的，但很可能会授人以柄，反增了那些反科学势力的实力。

　　某种程度上，我们应该感到欣慰，科学家承认这些问题的存在，而不是假装自己不受金主的管控。有些人坚持认为科学应该是存在于纯粹的真空里的，一个不受政治、经济或社会正义影响的存在。但要明白的是，科学是一种人为的事件，在不公和暴行面前，科学家是和公众同呼吸、共奋斗的。虽然科学实验要求诚实和严谨，但也没有说研究者在政府或其他势力滥用科学抑或禁止发表政策的负面调查结果时必须保持沉默。

　　在爱德华兹和他的同事为弗林特社区水危机事件仗义执言之前，已经有科学家这么做了。当物理化学家克莱尔·帕特森（Claire Patterson）接触铅中毒事件时，就随即开启了自己与工业界长达几十年的抗争。当约翰·斯诺（John Snow）移走了一个滋生霍乱的井泵柄时，他成了伦敦人的众矢之的，直到去世才平反昭雪。彼得·巴克斯顿（Peter Buxtun）花费了好几年才制止了臭名昭著的塔斯基吉梅毒实验，最终不得不于 1972 年将文件泄露给了琼·海勒（Jean Heller）记者。

　　爱德华兹和同事的举措缩短了科学和政策之间的距离。他们不仅帮忙吸引了大量关注，而且改变了弗林特市，当然，还有财政拨款。迫于压力，参议院 9 月份以压倒性票数批准了向弗林特市投放 1 亿美元的援助资金，并从环境保护局划拨了数百万美元的贷款，用于市政供水基础设施的升级和避免遭受铅危害的研究。

　　科学和政治并不总是一致，科学也并不需要总是战胜政策。正如，研究表明激素能提高运动员的表现，但政治利益又迫使我们禁止使用激素。研究必须是符合道德标准的，而道德标准则是包含了科学家和决策者在内的一种对话。

不过，尽管两者是独立的，但分歧是而且应该是可以解决的。正如爱德华兹和他的同事写的，"虽然自身的职业危险很大，直言不讳的批评者不计其数，但保持沉默却是与实施不公一丘之貉。无论将来我们的生活或事业会发生什么，我们都确信：弗林特社区是值得我们挺身而出的，为了维护这样一个正当理由，我们强化了学者和公众之间的社会契约。"

美国从未有一个政权如此敌视科学和科学方法的价值。美国总统唐纳德·特朗普（Donald Trump）称气候变化是某些亚洲大国造出来的"骗局"，调侃揭穿反免疫的观点，并宣说任何负面民调都是"假新闻"。自2016年11月8日以来，人们明显感觉到科学界接下来要打一场防守战。只是现在可能不仅是一个树枝而是整棵树都处于危险中了。

年轻女性如何在科研中起步

牟庆璇 李麟辉 / 编译

当人们在小时候被问到梦想是什么的时候，大部分人都会回答"希望成为科学家"。现在许多年轻人都希望能够在科学领域闯出一片天地。然而，性别歧视，尤其在一些发展中国家，是科研领域一直存在的问题，从博士转变成课题领导者，对女性研究者来说，是相当有难度的。即便如此，仍有一些杰出的女性在科研领域光芒四射，以下三位女科学家就是典型的例子。希望通过此三位科学家的实例给现在正在找工作的年轻人以指导。

三位成功年轻女科学家的案例

艾米·怀亚特（Amy Wyatt）在澳大利亚卧龙岗大学（University of Wollongong，UOW）完成了自己的博士研究后，想继续深造。她曾经尝试过改变职业方向，进行科技交流方面的工作，但是最后又重返学术研究，因为她热爱在科学研究中寻求结果的过程。

艾米完成剑桥大学（Cambridge, UK）资助的博士后研究项目后，她回到了卧龙岗大学。由于之前从事科技交流工作的经验，艾米赢得了 2015 年卧龙岗大学的"爱加速竞赛"（iAccelerate pitch competition）。通过竞赛获得的资金，艾米逐渐将她的一些创新性的想法付诸实践。

玛蒂娜·桑德森·史密斯（Martina Sanderson-Smith）与艾米一样，在完成自己的博士学位后，将选择扩大到全世界，最终选择到德国进行博士后研究，之后她又去了美国，但是她心里一直想回到卧龙岗大学。玛蒂娜认为卧龙岗大学的学术环境能够使她更加独立，而不是像在以前的学校中那样在一些有威望的研究者的庇护下做研究。另外一个重要的原因是玛蒂娜的博士导师支持她在卧龙岗大学建立自己的实验室，独立开展自己的项目。

卡拉·佩罗（Kara Perrow）与艾米和玛蒂娜不同，她是在卧龙岗大学进行的博士后研究，在这之前她曾在瑞典和丹麦向不同的研究者学习。她与神经系统学家、化学家和材料学家一同合作，所做的研究已经远远超出她的专业。通过这些合作，卡拉将自己的研究方向定为癌症药物的体内定位与输送。

艾米、玛蒂娜和卡拉都是科研项目处在前期发展中的女性科学家，她们在卧龙岗大学中都指导过本科生、研究生和博士生进行课题研究，她们认为许多学生都是很有前途的科学家，但是他们对自身和事业都有疑虑，这些学生需要明确自身定位，早日确定自己的人生方向。

为了使投身科研的学生更加独立，三位女科学家从其自身经验出发提出以下几条建议。

寻求社交网络支持

目前来看在科研中性别平等还是有难度。当女性科学家更看重家庭时，申请基金会有难度，很容易被认为无法完成项目研究。这也是众多女性不选择学术研究工作的主要原因，尤其是自然科学研究有时需要长时间、远距离出差，更看重家庭的女性可能无法承担这样的工作任务。

一个可靠的社交网络支持可以帮助女性科学家更好地平衡家庭和工作。家庭社交可以在女性科学家出差或者加班时照顾孩子，好的同事关系可以在有需要时互相鼓励，共同进步。

以小型基金项目作为开端

一些高校或者科研院所会给年轻的研究员提供少量的基金支持，尤其是刚刚从产假回归工作岗位的女性研究者。小型基金可以使研究者开展新项目，获得前期结果，这样在申请较大型的联邦基金项目时更有竞争力。

艾米·怀亚特

艾米申请了国家健康和医学研究委员会（National Health and Medical Research Council, NHMRC）关于阿尔茨海默症的项目，承担该项目的主要科研任务。通过这个项目的基金，艾米在研究中不断寻找新的课题，使自己的研究范围逐渐扩大。

建立多方位合作

当一个研究机构拥有健全的科研体系时，它能够给予年轻科学家接触创新项目的机会，找到自身发展的方向。在一个相互帮助的和谐的研究环境中，研究人员在喝咖啡时都可以交换想法，达成一些意想不到的合作。

卡拉·佩罗

卡拉在研究过程中，首先要用脂质将药物包裹起来，通过设计输送平台确保药物能够直达乳腺癌细胞或者免疫细胞，或通过植入药物支架治疗胰腺癌。卡拉与运动神经元疾病（motor neurone disease, MND）研究员贾斯汀·耶尔贝瑞（Justin Yerbury）共同工作，并获得其指导。

由于在自身专业——药物输送和神经科学知识领域取得的成绩，卡拉和贾斯汀获得了美国国防部（US Department of Defense）的基金资助，研究项目主要是如何提高药物输送到大脑的效率，进而提高治疗运动神经元疾病的效果。这个想法是在一次社交山地自行车旅行中与卧龙岗大学校友达伦·桑德斯（Darren Saunders）交流时产生的。

寻求支持者

玛蒂娜·桑德森·史密斯

社交网络可以给予科研工作者莫大的帮助，研究者可以在自己的圈子里交流想法并寻求帮助。一位好导师对极有前途的研究人员来讲是至关重要的，导师可以帮助研究者对工作有更好的规划并促进职业发展。好的导师还能适时推荐年轻科学家积极参与到大型项目研究中，在圈内谋求更好的发展。

对玛蒂娜来说，她的支持者就是她的博士导师。当有国际合作者出现时，她的导师总是会把她的名字放在第一位，并且告诉他们玛蒂娜就是做这个项目最好的人选。通过在这些合作中获得的成果，使得玛蒂娜成功地申请到国家健康和医学研究委员会基金，进行溶血性链球菌感染的项目研究。玛蒂娜现在希望能够跟她的博士导师一样，将自己的学生和博士后资料推荐给更多的合作者。

对年轻科学家来说，提高自身能力是最重要的一件事情，但是如果周围能够有人帮助和支持他们，可能会事半功倍。

科研项目的多样性促进了年轻科学家发展方向的多样性。推进科学研究发展是具有挑战性的，尤其是对女性来说，但仍可以获得成功。希望三位成功女性科学家的故事可以鼓励和帮助更多的年轻女性坚定梦想，投身到自己喜欢的科学研究工作中。

STEM 超级明星计划将吸引更多女性投身科学

李瑞 / 编译

  STEM 超级明星项目（Superstars of STEM）是澳大利亚科学与技术组织所进行的一个新项目，旨在打破民众对科学、技术、工程和数学的刻板印象。这个项目要在现今的 STEM 领域找到 30 位女性超级明星，与她们共同工作并为年轻的女性树立榜样，并因此推进在 STEM 领域中男女平等的权利。

新的 STEM 超级明星特使丽莎·哈维·史密斯（Lisa Harvey-Smith）站在澳大利亚赛丁泉天文台的 3.9 米盎格鲁望远镜旁边

鼓励更多女性投身 STEM

  已经有不少项目支持女性科学家和技术人员去努力消除对女性在科学领域受到的系统性阻碍。在这种背景下，STEM 的超级明星旨在引起公众的关注，以达到消除学术界性别歧视的目的。

  不同于将女性简单地插入公共的视野，这个新的项目将会与 30 名 STEM 中的女性一起工作以使她们能够具有成为偶像的技能、信心和机会。这种方法将建立在致力于解决女性科学家和技术人员所面临的困难的基础上。

  近期，微软公司研究发现，多数女孩在 11 岁左右开始对 STEM 感兴趣，但是她们的兴趣在 15 岁左右开始下降。这是个重要的年龄，女孩们开始做出自己的决定，而这将决定她们今后的学术生活的轨迹。

  在 STEM 领域缺少榜样以及在学校缺少 STEM 项目的实际经验，在研究中被认为是影响女孩的关键因素，在推特上，粉丝最多的科学家是男性科学家。如果媒体提到了女性科学家，那么她们也经常被关注的是外表而不是她们的成就。

在亚洲、英国、非洲和美国的相似报道以及项目中也反映出对更多女性科学家榜样的需要。在澳大利亚，一半多的本科生和一半的博士生是女性，几乎60%的青年讲师是女性，但是在顶级科学家和教授当中女性只占16%。

当天真的孩童望着星星，他们的偶像是那些先驱的宇航员，像尼尔·阿姆斯特朗和巴兹·奥尔德林，还有那些怪人，像是已故的天文广播主持人帕特里克·摩尔爵士。年轻的时候当他们有机会当面接触宇航员的时候，他们会意识到，在天文和太空科学领域的偶像全都是男性。

新的超级明星

在第一年，STEM的超级明星将30位女性带入了公众视野，教会了她们交流的技巧。这包括媒体训练、与决策者当面交流的能力以及争取向公众展示她们成果的机会。参与者还会与本地高校的女孩和公众们直接见面，在网上建立积极的公众形象。

在公众视野中，变革型并且才华横溢的女性太少了。澳大利亚的每个科学和技术上的成功都是建立在不同性别的人的工作和贡献之上的。我们需要为这些出色的科学家和他们的成就庆祝。

期待有一天如果我们让孩子们画出科学家的样子，他们会画出像数学家娜琳尼·约西、分子生物学家苏珊·科里或者天文学家卡莉·努恩那样的女性科学家，而不是清一色的男性科学家。

女性科学家学术成果发表现状亟待改善

杨岭南 / 编译

男女平等的萌芽起源于19世纪末，随后女权运动浪潮便逐渐席卷西方国家，产生了深远的影响。时至今日，男女平等在向前推进，它的说法经历了不断的修正和调整。人们开始提出男女平权的观念，同时也在思考何为真正的平等或平权。我们不妨从科研领域客观审视女性科研人员和男性科研人员的发展现状来思考这个问题。

在今日的科学、技术、工程和医学领域（STEM），女性所占的比例不足30%。虽然这种性别失衡的状况正在改变，但男性在学术成果发表方面仍然占据绝对地位，其对女性的职业生涯和科研工作本身产生了影响。

对此，人们发起了很多倡议和活动，希望提高女性在STEM领域的参与度，比如联合国教科文组织（UNESCO）开展的一项重要的性别发展项目。这些努力明显提高了女性研究者在上述领域的数量。目前在英国、美国和南非，硕士科研项目录取的男女比例接近平等。

然而，尽管出现了以上的进步和发展，但女性在科研成果发表方面仍然处于次要地位。

不平衡的现状

首先，女性在科学期刊上发表的可能性比男性更小。在南非大学的最新研究显示，女性比男性的科研产出量低。这与本文研究人员在药用植物学、自然药物和生物技术领域的发现相同。

根据研究人员的统计，女性在领域内顶级期刊发表文章的参与度仅占33%。这与女性在同领域获取研究生学历数量的增长趋势不相一致。

其次，在全球范围内，女性在高影响因子期刊以第一作者或首席研究员的身份发表文章的人数比男性要少。这意味着女性科学家的专业技能只是用于生成数据，而并没有参与到研究设计过程中。

研究也显示，女性发表的文章被引用频率比同行的男性发表文章被引用频率更低。而男性科学家会更常引用男性发表的文章，较少引用女性科学家发表的文章。文章被引用数被越来越多地用来衡量个人学术产出和影响。对南非科学家来说，这通常会影响到研究者在申请国家科研基金时的排名情况。

性别失衡在全球范围内对女性产生的影响远比男性大，无论在期刊委员会参与程度上，还是同行评审过程中，都可见一斑。

产生的影响

所有这些问题都会影响科研人员的发展。学术生涯的发展依赖于在同行之间的出现频率和认可度。学术发表会影响工作的前景以及晋升情况。因此，女性在学术文章发表方面依然处于被忽视的地位，这会减缓女性在学术上的前进。

一项南非的研究显示，基于性别的学术产出潜力与女性在南非学术界普遍较低的资格水平和较低的排位是相互关联的。这对于单独的女性以及领域都会带来很广泛的影响。

性别化的创新是将性别因素充分考虑进去的研究和发展，它可以产出更佳、更安全的研究和技术成果。在这些经验之上，女性可以关注到男性可能忽视的事实和想法。但是单纯的参与远远不够，如果女性要去主导研究，她们需要成为领袖和权威。

前行！前行！

在南非，科技部门已经尝试让更多的女性继续 STEM 生涯，其中一项举措就是南非博士项目，女性毕业数量在稳步上升。

南非科技部部长娜莱迪·潘多尔（Naledi Pandor）也对 2014 年建立由女性学者领导的 42 个研究席位给予了支持。这也在南非释放了女性在学术界发挥领导角色的强有力的信息。

承认并探讨性别平等带来的挑战是迈向积极方向的第一步。更多的需要引导、支持和提升女性在高校和研究机构的角色和地位。

只需三项改变就可以改善目前的状况。第一，增加女性在期刊编辑委员会的席位。第二，力图让学术文章被引用情况中性化。第三，促使更多的研究人员对当前状况进行研究，全面揭示偏见和成因。这些改变将使未来之路走向平等。

美国总统如何制定科学发展的政策

牟庆璇 / 编译

　　美国总统在任职期间有许多义务与责任，其中一项非常重要的责任就是在发展美国经济的同时促进科学、技术和创新的发展。科学知识有助于政策的制定，反过来，政策也能够影响科学、技术和创新的产生。

　　一般来讲，政府在科学上的投入最后都会在经济发展上得到回报。创新一般被认为会使经济增长提高85%左右。创新给经济增加提供了一种"创新性毁灭"的增长方式，同时还能够减少成本。美国一直以全世界最具创新性的国家自居，并感到深深的自豪，但这一切是如何发生的呢？

　　世界上许多重大的发明都是在美国出现的，如互联网、页岩气压裂技术和太阳能发电等。这也相应的带动了美国相关工业的兴盛，提供了大量的工作岗位。这些发明是由美国政府和私人资助共同努力下完成的研究成果。

　　美国总统候选人特朗普（Trump）已经发表声明，在他上台之后会提高美国经济增长速率，并且会大力支持科学技术研究。那么，美国总统在国家基础上是怎么决定研究重点的呢？如果美国总统有一个科学创新的日程表，他是怎么引导那些有潜力能够为国家提供大量岗位或者提高国家竞争力的研究项目的呢？

美国总统怎样获得科学建议？

　　从第二次世界大战开始，每一位美国总统都会有私人科学顾问，帮助他完成国内和国际上重要的科学决定。

　　第一任总统科学顾问万尼瓦尔·布什（Vannevar Bush），在第二次世界大战时作为美国科学研究与发展协会（Office of Scientific Research and Development, OSRD）的主席向全世界证明了自己的价值。美国科学研究与发展协会的主要任务是在战争期间引导和协调民间科学家和军事科学家发展新的科学技术。该协会帮助政府开展了曼哈顿项目（Manhattan Project），它还是军工复合体（The military-industrial complex）的前身。万尼瓦尔·布什还以合伙人的身份创建了世界闻名的国防武器供应商雷声公司（Raytheon Corporation）。他还协助创建了美国科学基金会（National Science Foundation）。

在 1976 年，美国国会开设了科学和技术政策办公室（Office of Science and Technology Policy, OSTP），旨在为总统和其他政府要员在国内和国际事件上提供科学和技术上的专业知识。这种办公室是隶属于总统的行政办公室，它的领导或者相关领导需要美国参议院指派。

尽管科学和技术政策办公室领导并不具备内阁级别，但是他与白宫内其他部门的权力是一样的，如国内政策委员会（Domestic Policy Council）、环境质量委员会（Council on Environmental Quality）和国家安全委员会（National Security Council）等。

在 1976 年，联邦法院还授权科学和技术办公室跨部门合作的权力，共同发展和执行合理的科学技术法案和预算。除此之外，科学和技术政策办公室领导作为总统的私人科学顾问，还要与总统单独会面商讨科学法案等问题。

在华盛顿的很多有志青年找机会接近不同政府职员，如内阁秘书、参议院官员、国会代表、说客等，希望可以加入总统团队。但是大部分情况下，总统更倾向于相信行政办公室的内部人员。因此，科学和技术政策办公室在阐述和完成总统的科学、技术和创新的重点项目上有重要责任和巨大影响力。

预算最重要

当总统决定了在他任职期间的科学和创新重点，影响国家的研究议程的主要因素就是联邦预算。总统在做决定时可能会优先考虑美国在某些行业或部门的竞争力，或者新的科学技术或创新是否可能造福公众和有利于国家利益。总统的预算请求必须通过国会，这样有助于重点研究项目的早日实现。

创新研究具有不确定性和高风险的特性，这也是传统意义上政府需要承担可能没有商业回报的责任的原因，或者说大部分创新研究是由高校完成的原因。政府资助基础研究对国家未来来讲是至关重要的长期投资，而且这类投资基本上获得美国两党支持，因为这些研究已经基本上被证明会有商业回报。

2017 年财政年度预算数据显示，国防部（Department of Defense）占据了联邦研发预算的最大比例（780 亿美元），比其他非国防项目研发经费的总和（680 亿美元）还要高。国家卫生科学院（National Institutes of Health, NIH）占据了第二名，研发经费为 309 亿美元。美国能源部（Department of Energy）和美国国家航空航天局（National Aeronautics and

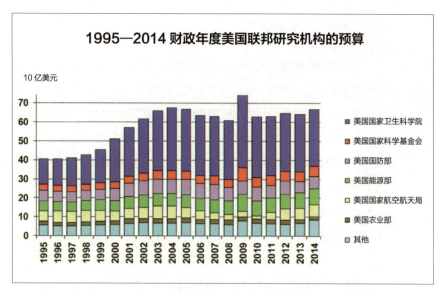

1995—2014 财政年度美国联邦研究机构的预算

10 亿美元

- ■ 美国国家卫生科学院
- ■ 美国国家科学基金会
- ■ 美国国防部
- ■ 美国能源部
- □ 美国国家航空航天局
- ■ 美国农业部
- □ 其他

1995—2014 年美国联邦各研究机构的预算

Space Administration，NASA）所占比例最少，研发资金分别为 140 亿美元和 120 亿美元。这些研发资金被分配到不同地方，如世界闻名的实验室、私人公司研发部门，还有参与研究的大学教授和研究生。

许多技术投资在短期内可能就会有结果，而有些研究需要经过时间的积累才会获得经济回报。美国劳动力的技能主要来源于 STEM 教育和通过工作经验积累。通过做研究积累专业知识和技能，有助于研究人员提高自身能力。这些人可以利用他们的专业能力，进入商业公司创造经济价值，或者在非营利研究机构和高校帮助公众和政府解决问题，例如，如何减少空气污染等这些私营企业认为没有经济回报而忽略的研究。

有时高风险研究会得到高价值回报，特别是当政府与私营部门合作的项目。互联网最初是由独立的研究人员与美国国防高级研究计划局（U.S. Defense Advanced Research Projects Agency）共同合作研发的。页岩气压裂技术是由国防部和能源部（Department of Energy，DOE）在洛斯阿拉莫斯国家实验室（Los Alamos National Lab）共同投资发明的。人类基因组的研究是由国家卫生科学院和许多公司（如微软、谷歌、米切尔能源、辉瑞等）共同开展的。这些资本雄厚的私人企业与政府合作，不仅促进了科学与技术的发展，也为美国社会提供了新兴产业和工作岗位。

奥巴马的科技政策办公室

美国前总统奥巴马（Obama）的科学顾问约翰·霍德伦（John P. Holdren）曾在高等制造业、国家安全、科学技术工程数学教育、太空政策、气候变化、能源政策、网络安全等领域提供政策建议。在奥巴马执政期间，约翰带领科技政策办公室完美地完成了总统倡导的科学技术优先发展项目。

科技政策办公室面向学生、企业家及公众提供的有用联邦数据集超过180000条。它首次建立了美国创新战略，开展了精密医学，提供20亿美元加速建立个性化医学新时代，还开展了人脑活动图工程计划的研究，这一系列措施使得2012—2017年美国国家健康中心在阿尔茨海默症的研究经费资助翻了一倍。

通过美国能源部及私人企业在太阳能及风能项目的努力研究，美国将风能和光能转化为电力的能力分别是2008年的3倍和4倍，这主要是因为利用可再生能源的成本显著下降，例如，利用太阳光能源的成本是20世纪70年代的1/150。

通过政府对科技领域的投资，使科学研究比30年前更能够阐述问题的本质。以政府投资研究全球气候变化现象为例，由于联邦政府对全球观测、地球物理研究和全球环流模型等领域持续支持，现在公众和政府能够对全球升温的速率有多快、高山冰雪和北极冰川融化的有多迅速、降水量及区域的变化有多显著、土壤水分流失有多严重，以及怎样去避免全球气候显著的生态破坏都有很好的了解。长期以来，正是政府的资助使得上述科学研究能够持续进行。

特朗普的科学责任

候任总统特朗普在竞选时说过他希望复兴美国的经济。只有提高STEM教育水平和加大对美国科技创新领域的投入，才能实现他的目标。相信科学领域可以为特朗普振兴美国制造业提供有价值的建议。现任总统委员会中的科学和技术顾问曾在2014年发表了一篇关于加快美国先进制造业的精彩报告。

特朗普可以用科技及创新的力量来实现他重塑伟大美国形象的目标，不管是通过开展一个新的登月计划还是为制造业创造工作机会。以史为鉴，可以知兴替，委任一名有见地的科学顾问担任科技政策办公室的领导可以帮助他实现目标。

奥巴马时代的遗产：科学、技术和创新

杨岭楠 / 编译

自古有天下国家者，行事见于当时，是非公于后世。美国前总统奥巴马政策的长期影响会引导人们得出评判。

在科技领域，奥巴马的政策最直观的反映是科技、教育、太空探索、清洁能源、气候变化和环境方面改善后取得的重大成就。重大举措，像"精密医学计划"和"巴黎气候协定"不但成为关注的焦点，也在政府制定和实施政策时被纳入更深远的目标，对恢复科学的正当地位、创造技术奇迹来说，应该是成功的。

然而，奥巴马政府针对科学制定的政策也存在短板，而且一些政策也反映出共和党对其施加的政治压力，像整体资金的限制、对政府人员出行的限制，这两方面都削弱了科技政策的积极影响。

奥巴马重视科学发展

奥巴马在位期间，对科技在社会进步和经济安全增长方面的潜力持乐观态度。近期来看，奥巴马推行的一项重要（且低调）的政策提升了科研的基础，如

在参与学生的科学活动时，奥巴马看上去总是兴致勃勃

奥巴马视察风力发电机叶片

研究探索、以数据为基础的试验和政策制定、信息开放化、透明化以及获取，同时也将其制度化，列入了政府的日常行为。这些措施加快了研究的商业化以及传播进程。

很多变化非常细微，但是切实提高了项目发展的功效。例如，在对行为科学实验成果进行调整后，军队雇员在"储蓄节约计划"中的参与度明显增加，从而降低了项目的成本。

奥巴马政府重视研究成果的实际产出，一个直观的信号就是让成果走出实验室，走入实践。从而，使"科学与研究"（S&T）这一口号发展为"科学、研究与创新"（ST&I）。联邦政府首席技术官、首席信息安全官和首席数据官这三个新职位的设立也标志了科学、研究和创新的融合。

奥巴马大力支持 STEM 教育。白宫举办的科学展览成功获得了媒体的高度关注。政府推行"教育推动创新运动"（Educate to Innovate campaign），也提高了美国中小学以及学前教育水平。例如，100Kin10 计划截止到 2021 年将培训 10 万名优秀的科学、技术、工程和数学教师，从而培养出具有创新、解决问题能力的下一代；比如 STEM for All 鼓励呈多样化发展的学生群体主动学习；再比如 Skill Commons 创造了在线开源软件的教育机会。

奥巴马在环境方面主张减缓全球变暖，在美国乃至国际范围提倡减少温室气体排放，推动可再生能源的利用，增加能源使用的效率。特朗普政府对气候问题的不同政见可能会导致奥巴马时期的一些政策逆转。但 8 年来，奥巴马政府已经重新构建了世界的能源制造和消耗结构。2015 年，可再生能源的发电能力首次超越了矿物燃料。

奥巴马政府在太空领域曾强力推动商业化。2018 年，NASA 将由私企提供资金支持，派遣宇航员去往国际空间站，降低了宇航员到达地球轨道和勘探开发太空的高昂成本。

奥巴马政府在空间气象、小行星和彗星撞击地球的可能性等方面施行的政策比较低调，但却可以保护人类文明。如果"卡林顿事件"发生在今时，会毁掉卫星以及世界很大范围的输电网路。最糟糕的情况可导致数年电力短缺，致使数千万人死亡。而大行星撞击地球可以摧毁大片区域，并导致数百万人死亡，引发一个新的冰河世纪。

投票者对这些举措并不感兴趣，但它却切实保护人类，免受自然事件的伤害，纵使这些自然灾害发生概率微渺，却不可避免，这也显示出奥巴马政府对预防性事件做出的贡献。政府多个部门互相协作，对危险事件进行预见，发出警示，完善卫星和地面基础设施，使伤害最小化，在灾害发生后，也能以最快的速度恢复。

奥巴马控制政府人员外出

奥巴马的政策对科学最大的负面影响是限制联邦政府人员外出参加会议。2010 年，美国联邦总务管理局在拉斯维加斯举办了一次尤为奢华的会议。随后，引发了共和党和民主党对其滥用纳税人钱的抨击。奥巴马政府为此严厉管控联邦政府人员参加会议的费用，并制定出一套繁文缛节的申请程序，从此以后联邦政府人员参加会议、研讨会和专业性会议都需要通过层层申请，代价很高。结果从 2012—2013 年，美国国防科学家参加国际光学与光子学学会举办的国防安全和探测会议的次数从 648 次下降到 206 次。

政府对这些活动参与度的骤降使科学界和联邦政府、学术界和私企的学者界大为灰心。尽管电子通信技术越来越发达，但专业性会议仍然最具创造性，它能促进人们互相学习、交流和辩论观点。

政府强制减少了学者们见面的机会，损害了整个科研和创新群体的创造力和生产力，而这并不单单是针对联邦政府人员而言。这一政策完全是自我伤害行为。

奥巴马不够重视网络安全

网络安全是奥巴马政府的另一短板。白宫在 2009 年发布了一份政策回顾，在 2013 年发布了基础设施的自愿性指导方针，并在 2016 年 12 月发布了网络安全报告。

在奥巴马执政期间，新的网络问题不断涌现。隐私泄露和监视问题多发、经济网络间谍和网络犯罪率的上升都揭示了一个道理，"技术非好非坏，但也并不是中性的。"

从客观角度来看，网络安全在整个美国处于被忽视地位。企业如果没有采取足够的防御措施，也不会承担什么后果。而像身份信息失窃这类事件的后果往往都是由个人承担。爱德华·斯诺登（Edward Snowden）事件和美国以色列超级工厂病毒（Stuxnet virus）的部署（目标在于摧毁伊朗的铀浓缩离心机）都使奥巴马政府必须要采取防御措施。然而，政府内部并没有一致的处理意见，因此立法难以推动。

奥巴马投入科研资金有限

也许奥巴马政府在科学与技术发展上最大的缺陷是没有增加科技资金的投入。从某个角度讲，美国人口老龄化的趋势使政府不得不更关注退休和医疗开支问题，因而造成了对未来的科研发展没有相应投入的现状。随着越来越多的美国人退休和寿命的延长，社会保险和医疗保险在联邦政府预算中所占比例越来越高。

在与共和党的预算战役中，奥巴马政府受到很大影响，2013 年政府财政大幅度缩减直接造成科研和创新预算投入几近停滞。然而，奥巴马在 2009 年曾提议，对公共和私企科研发展投入将从国内生产总值的 2.8% 增长到 3.0%，这与现状是截然相反的。

很多项目都没有得到政府资金资助，即使有，资助力度也不够。国家卫生研究院、国家自然基金会和美国国家航空航天局资助的比率都有所降低。实际上，在 2010 年和 2016 年，前总统奥巴马曾提议将宇航员送往火星，但是并没有尝试说服国会资助此项活动。

科学能否恢复正当地位？

奥巴马政府的辞令赶不及资源和政策限制的脚步，这并不令人惊奇。尽管如此，这位美国第 44 位总统仍然留下了支持"科学、技术和创新"的强大遗产，而他的政策并不仅有利于发现研究成果和增长经济，也增强了美国的民主性，加快了政府的发展进程。

从特朗普政府的推特宣传，政府员工过渡和内阁任命的路数看，会与奥巴马政府形成非常强烈的反差。特朗普政府的高层官员对基于数据的开放性科学发展等诸多问题的意见与前一届政府并不一致，以此来看，未来的科学、技术和创新发展将会遭遇挫折。

科研经费削减谁之痛

李立 / 编译

第二次世界大战战期间，著名工程师万尼瓦尔·布什（Vannevar Bush）在美国成立科学研究与开发办公室（OSRD, Office of Scientific Research and Development），指出科研经费应该用于新知识的生产、新技术的开发及医疗和经济水平的提高。

具体说来，科研经费旨在为国家各项科研项目、科研人员和科研设备提供经费保障。然而，近期特朗普政府却推出削减 20% 美国国家卫生研究院（NIH, National Institutes of Health）经费的提案，引发科研工作者的密切关注。

目前，学界有关科研经费的调查基本局限在对科研工作的量化处理，即单方面对科研出版物及专利进行数据统计。俄亥俄州立大学的经济学教授布鲁斯·温伯格（Bruce Weinberg）则在其参与的一项名为 UMETRICS 的启动项目中，开启了一种全新的科研调查模式。该项目将"人"视作科研创新的关键和重要产出，以进一步考察科研工作的开展过程。

他们以高校内参与科研工作的人员为研究对象，追踪他们的雇佣单位及对科研项目的投入，并以近五十所成员大学和美国人口普查局提供的数据及其他相关信息为准，极大程度上保障了研究数据的权威性和完整性。

科研经费之受益者

UMETRICS 项目将研究数据定位到每一位实际参与科研工作的人员，而不仅局限在科研成果的核心作者。这一点有利于调查者识别学生及工作人员的参与，这类人群通常不会出现在已发表的科研成果中，却往往在实际科研中担当重要职责。

为此，他们对美国国家科学基金会（NSF）和国家卫生研究院（NIH）的科研人员分布进行了调查，发现 NSF 和 NIH 为美国近 70 % 的科研工作提供了联邦资助。

调查意外显示，从事科研工作的主力集中在尚处在培训阶段的学生群体。例如，NSF 中本科生和研究生居多，NIH 中博士后居多。其中普通员工占据 NIH 实际劳动力的 40 %，正式教职人员在这两个部门所占的劳动力比例则相当之少。

鉴于此，联邦科研经费的缩减可能会给这些年轻的科研学生造成直接损失，并对今后 STEM 领域的劳动力带来直接影响。

STEM 博士生该何去何从

考虑到学生群体在科研工作中的重要性，UMETRICS 项目将研究重点聚集在毕业生上，并制作出相关数据分布图。

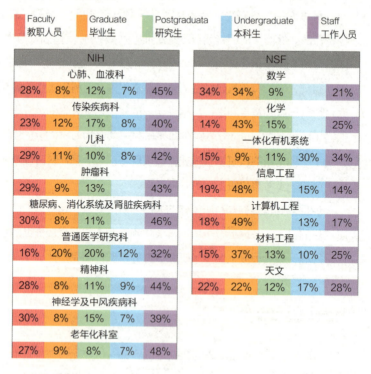

各阶层在 NIH 和 NSF 中的分布比例图

博士生毕业之后去哪儿?

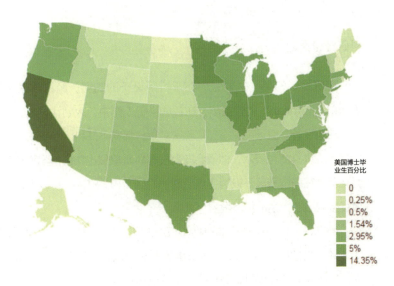

美国博士毕
业生百分比

0
0.25%
0.5%
1.54%
2.95%
5%
14.35%

美国博士生毕业去向

　　此外，他们还将所抽调的样本大学和各州研究生的比例制成图表。数据显示，博士研究生为美国各州的经济发展做出了实质性的贡献，其中，有12.7％的研究生在距离毕业院校的80千米范围内工作，且8所样本大学中有6所大学的毕业生大多选择留在原州区工作。当然，也不乏研究生毕业后选择各奔东西，伊利诺伊州和德克萨斯州都常见他们的身影。

　　调查显示，博士研究生大多在各专业行业任职，其中，以电子、半导体、计算机和制药行业为主，在餐饮、商业和酒店等服务类行业任职的则相对较少。在美国各大科研开发公司中，持有博士学位的人数接近普通员工的四倍（44％ vs 12.6％）。且有雇用博士研究生的公司平均每年支付员工的薪资高达90000美元，而美国的平均薪资只有33000美元，科研开发公司的下属机构平均薪资则为61000美元。

　　另外，拥有博士学位的科研人员在工程学、数学、计算机科学和物理学领域中收入最高。在STEM领域中，收入最低的是生物学和健康学，但上升空间相当可观。有趣的是，研究发现女性研究者的收入明显低于男性，当然这一点也需结合个人专业领域、婚姻状况和生育状况来考察。

总结说来，科研工作者在涉及新知识开发和促进经济发展的国家重要企业和公司中发挥着至关重要的作用。

科研经费之购买力

　　科研经费的另一主要去向在于科研设备的购买。经济学家保拉·斯蒂芬（Paula Stephan）就曾指出，在各项科研工作中，大到计算机、软件、试剂、医疗成像设备、望远镜，小到实验室老鼠，都离不开科研经费的支持。

　　一些供货商也表示，他们会向高校等科研单位出售各类高科技产品，有些公司甚至会在高校园区开设销售点以便他们购买相关产品。可以说，科研工作的开展直接刺激了当地的经济发展。

　　所以说，对科研项目的资助不仅有利于新知识的开发，同时也有效促进了STEM 各行业的发展。UMETRICS 研究项目向人们展示了科研项目的实际参与者，也让人们了解到科研经费的短期效应和长期价值。

数据驱动的科学仅仅是一个流行语吗

王雷 / 编译

　　用望远镜观测星星已经过时了！今天的天文学家更有可能利用网络：数字调度观测，远程控制位于沙漠中的望远镜，下载相关的观察结果，然后利用计算机进行分析。对于许多天文学家来说，科学的第一步是在计算机上分析这些数据。这可能听起来像一个流行语，但数据驱动的科学是天文学领域深刻转变的重要一步。

　　2015 年澳大利亚科学院（Australian Academy of Science）的研究报告指出，澳大利亚 500 多名专业的天文学家中，至少有 1/4 从事计算性质的研究工作。然而，许多高中和大学的科学、技术和工程学科仍然把这些必要的技能作为次等重要的科目。

通过模拟可以对世界进行建模，并对观测数据进行探索分析。计算不仅包括天文学，计算是一系列的科学，包括生物信息学、计算语言学以及粒子物理学。为了培养接班人，我们必须开发新的教学方法，将数据驱动和计算方法视为当代研究的重要工具。

科学大数据时代

17世纪伟大的经验主义者认为，如果用感官来收集尽可能多的数据，我们将最终了解整个世界。虽然经验科学有着悠久的历史，但是传统的方法与今天的数据驱动的科学之间存在一些关键性的区别。

目前可能产生改变的是计算机收集的数据量，这促使哲学发生了改变：收集数据服务于许多项目而不仅是一个项目，探索和挖掘数据的方式使我们能够"计划偶然性"。对于寻找新型的天文现象，

克莱·奥法发现了地球电离层中的等离子管

大数据集可能会产生意想不到的结果。例如，天文学家邓肯·洛里默（Duncan Lorimer）发现了快速无线电脉冲；本科生克莱·奥法（Cleo Loi）发现了地球电离层中的等离子管。

当今的科学研究形式是：许多科学家一起合作，设计能够一次服务于多种项目的实验，并测试不同的假设。例如，由南非和澳大利亚建造的平方千米阵列望远镜（Square Kilometre Array Telescope）就是一个很好的科学案例。

教育制度亟须改变

科学的经典案例包括阿尔伯特·爱因斯坦（Albert Einstein）的相对论方程式，玛丽·居里（Marie Curie）在实验室发现镭元素。我们对科学的理解往往是在高中时期形成的，我们在这里学到理论和实验，并将理论与实践相结合。

一般来说，实验科学家测试理论，理论科学家开发新的方法来解释实验结果。

然而，计算机很少被提及，许多关键技术仍然落后。例如，为了设计合理的实验，选择可靠的样本，科学家需要优秀的统计学技能。为了确保数据驱动的实验和探索是严格的，科学家们需要掌握足够的统计学内容。

事实上，为了解决当今时代的问题，科学家还需要开发计算性思维。这不仅是编码，科学家需要创造性地思考算法，并且使用复杂的技术来挖掘和收集数据。即使拥有 10000 个核心超级计算机的强大功能，将简单的算法应用于海量数据集仍然是无效的。从计算机科学到更复杂的技术，软件的运行速度需要提高几个数量级，例如，用于匹配天文物体的 kd-tree 算法。

阿尔伯特·爱因斯坦的苏黎世笔记本页面　　　　1921 年 4 月，玛丽·居里在法国镭研究所的化学实验室

目前，许多大学已经开设数据科学课程和学位，将统计学和计算机科学与科学或商业相结合。例如，悉尼大学（University of Sydney）副教授塔拉·墨菲（Tara Murphy）推出了一个关于数据驱动的天文学在线课程，在天文学的背景下教授数据管理和计算机学习等技能。新的澳大利亚数字技术课程（Australian Curriculum in Digital Technologies）将编码和计算思维作为第 2 年教学大纲的一部分。这将开发学生的重要技能，下一步是将现代方法直接融入科学课堂。

半个多世纪以来，计算一直是科学的重要组成部分，数据爆炸正在使其变得更为重要。将计算思维作为科学的一部分，我们可以确保学生们在未来创造伟大的科学发现。